感情戦略

「感情」はうまくだましてくるので
理性で生きるのは
想像以上に困難である

THE
MOUNTAIN
IS
YOU

ブリアンナ・ウィースト
Brianna Wiest
訳◉松丸さとみ

日経BP

THE
MOUNTAIN
IS
YOU

by Brianna Wiest

Japanese translation published by arrangement with The
Thought & Expression Company LLC through The
English Agency (Japan) Ltd.

日本語版はじめに

本書を開いてくださり、ありがとうございます。

この本を手にしてくれたのは、感情のコントロールをしたい、と思ったからでしょうか。

あるいは感情に振り回されないことにはある程度自信があるけれど、手ごわいところもあるから、もっと知りたいと思ったからでしょうか。それとも、なんとなく「感情」って不思議だな、と思われているからかもしれません。

この本の原題は「The Mountain Is You」、つまり「山はあなた」というタイトルです。山とは、自分自身の問題のこと。それも山のようにそびえたち、克服するのが難しい問題のことです。

あなたには「これをした方がいい、あるいはやめた方がいいと分かっているのに、どうしてもできない問題」はありませんか？

あるいは、自分にとってよくないと分かっているのに、気づくとなぜかいつもしてしまうことはありませんか？

ダイエットや運動、転職や貯金や投資、結んだ方がいい、あるいはもうやめた方がいい人間関係、部屋の片づけ、ものを書いたり、音楽をつくったりという夢のためにやるべきこと、忙しすぎる仕事を少なくして休みをとること、健康診断にいくこと、深刻なところでは依存症など、何かしらあるはずです。これは、あなただけではなく、人間ならだれしもあるでしょう。

この本では、そういう行為を「自己破壊的行為」と呼んでいます。

あなたが自己破壊的行為をしてしまうのは、「怠惰だから」でも「無能だから」でもありません。できないのは、もっと別のところに理由があるからです。その理由を探さなければ、「すばらしい」人生にはなりませんが、結局それができないまま人生を終える人も多いでしょう。

自己破壊的行為をなぜしてしまうのか。それを覆い隠しているのは、感情です。

感情は、たいへん巧みです。

本書には、感情がどれほど人間をさりげなく操るのかが書かれています。

私たちは、「安心感」を求めたり、過去に受けた傷を見ないようにしたり、はたまた自分が今味わっているつらい感情を見ないためなら、なんでもします。

もしかして、自分は大丈夫だ、と思う人もいるかもしれません。

しかし、本書を読めば分かるのですが、感情はあまりにもさりげなく私たちを動かすがゆえに、感情がどういうことをしているのかという知識や、どう向き合ったらいいかというテクニックを知らないと、結局自分の本当にやりたいことも分からず、おくりたい人生もおくれないことになりかねません。

「自分の心の赴くままに行動するべき」だなんて、ウソです。なぜなら、人間は快適なところにいたがるものだからです。それが実は自己破壊的であるかもしれなくても。やはり理性で決断し、戦略を立てて、それを実行する生き方が人生を最高にします。あたりまえのことですが、このあたりまえのことをすることが、どんなに難しいか。感情のむずかしさを知れば、きっとお分かりいただけると思います。

本書は、2020年にアメリカで刊行され、ソーシャルメディアなどで紹介されて人気となりました。また、アメリカのCBSニュースで「アマゾン・ベストセラーから選ぶおすすめ自己啓発書10冊」の1冊として紹介されたり、フォーブス誌で紹介されたりしています。

現在はアマゾンやソーシャル・リーディング・サイトの「グッドリーズ」などで、数多くの高い評価がついています。さらに、本書での学びをより深く理解していかしたいと考えたファンによって非公式の「ワークブック」も何種類もつくられています。

この本には、自分の感情とのつきあいかたを知れば、本当の自分らしい人生を生きられる、と書いています。

ただし、その変化は劇的に運命のように訪れるのではなく、マイクロシフトで変わります。

本書の内容は、読んでいる間はピンとくるところもあればこないところもあるかもしれません。

しかし、ピンとこなかったことも後から、思わぬところで「これがそうだったのか」というひらめきを、マイクロシフトとともにもたらしてくれるでしょう。

この本が、あなたの本当の人生を生きる手助けになったらこれ以上嬉しいことはありません。

『感情戦略』編集チーム

編集・中野亜海、翻訳・松丸さとみ

はじめに

自分にとっての「山」は何か、あなたはすでに分かっているかもしれません。

山とは、自分のためにならないのになぜかいつもしてしまうことや、やめたいのにやめられないもののことです。そこに表れる問題は依存症かもしれないし、体重、人間関係、仕事、モチベーション、お金かもしれません。もしかしたら、自分の山が何かまだ分からないかもしれません。

もやもやした不安感かもしれないし、自己肯定感の低さ、恐怖、あるいはすべてに対して感じる漠然とした不満かもしれません。それは、あなたにずっとつきまとい、悩ませるものです。

山は通常、目の前にあるときはそこまで大変なものには思えないものです。

しかし、表面的には不安定に見えない土台でも、人生のありとあらゆる部分を揺らしていることがあります。

抱えている問題が「ひどい状況によって起こされた」ものであるとき、実はそれは、状況が悪いのではなく、あなたの根本的な人生が原因です。

抱えている問題が「いつも起こる」という慢性的なものであるとき、実はそれは、自分という現実が原因です。

「山に直面する」と言うと、「苦難に直面すること」だと思いがちです。

でも本当は、山はいつも人生にあったのです。**何年も自分の中にため込んだ小さなトラウマが、長年かけて積み重なってできたものです。**

人生は、自然にしていると自分に有利に働くことが多いものです。たとえそれが、逆境や不快感、変化に直面しているようにしか見えないときでさえもです。

自然は、複数の気候帯が交わる境目の部分がもっとも繁殖力に富み、拡大する力を持っています。人もまた、居心地の良いゾーンからいったん外に出て、自分を取り戻さざるを得ないギリギリの状態になったときに、大きく変わります。[*1]

あなたに問題が起こるときは、突破口の前にやってくる転換点にすぎません。星が大爆発を起こし、超新星へと変化を遂げる前の瞬間です。

ちょうど、地面が二方向からぶつかり合って山が生まれるように、あなたの邪魔をしている山も、矛盾することが同時に存在していることで生まれます。

あなたの山は、自分の中にあるふたつの部分を調和させるようあなたに求めています。

それは意識と無意識——**つまり、自分が何を求めているかを自覚している部分と、それなのになぜ自分を抑えつけてしまうのか、自分でも理解できない部分です。**

山は歴史的に、霊的な目覚めや人間的な成長過程の比喩にも使われてきました。そしてまた、山は、ふもとから見上げるとまったく乗り越えられる気がしないほど、大きな難題の比喩としても使われます。山は私たちに、自分が持つ能力を最大限に発揮するにはどうすればいいか、内に秘めた知恵を与えてくれます。

人間は、成長するために存在しています。

これは、あらゆるところに見て取れます。動物も植物も繁殖し、ＤＮＡは特定の鎖を取り除きながら新しい鎖を生み出すよう進化し、宇宙は永遠に外へと広がり続けています。

同様に、もし自分の悩みごとを触媒《カタリスト》〔物事を促進するきっかけ〕とみなすことができるなら、人生の深みと美しさを感じる能力を、内に向かって広げることができます。

そのためには、森なら山火事、火山なら噴火、星なら崩壊が必要です。**そして人間は多くの場合、本当の意味で変化するにはまず、ほかに選択肢がない状況にまで追い込まれる必要があるのです。**

目の前に山が立ちはだかったとき、あなたは自分のどこかがおかしいと感じるかもしれません。しかし、自然界に完全なものなどありません。そして完全ではないからこそ、成長できます。

もし自然に存在するすべてがまったく同じだったら、星や惑星を生み出した重力も、私たちが知っているすべてのものも存在しなかったでしょう。失敗や過ち、欠陥がなければ、何も成長できず、何も変わらないのです。★2

不完全だという事実は、失敗した証ではありません。あなたが人間である証であり、何よりも、まだまだ可能性が眠っている証なのです。

あなたの山は、本当に生きたい人生と今のあなたとを隔てている障壁です。自由になるため、なりたい自分になるためのただひとつの道は、山と向き合うことです。目の前に山が立ちはだかっている理由は、何かのきっかけが、あなたが抱えている傷を見せてくれたから。その傷は、あなたの進む道を示してくれ、その道は、あなたの運命を示してくれるでしょう。

限界点――つまり山のふもと、山火事の熱、このままではいけないとやっと目覚める夜――に到達するとき、すべてが崩れ去る一番重要な瞬間となります。もし自分に向き合う覚悟ができているなら、これまでの人生でずっと待ち続けてきた、突破口のまさに入り口に自分が立っていることに気づくでしょう。

古いあなたのままでは、本当に生きたい人生に向かってこれ以上進むことはできません。今こそ、自分を立て直し、生まれ変わるときなのです。

人生のビジョンという炎に向けて古い自分を手放し、これまで想像すらしなかった考え方を受け入れる覚悟が必要です。若かりし頃の自分に別れを告げましょう。それは、あなたをここまで導いてくれたけれど、これより先へ進むには適さない人物です。

将来の自分を思い描き、その人物とひとつになる必要があります。

ここから先へと導いてくれる、あなたの人生のヒーローです。

目前にあるタスクは静かでシンプルですが、途方もなく壮大です。**ほとんどの人はトライすることすらできない、大変な作業です。**今こそ、機敏でいること、打たれ強くいること《レジリエンス》、そして自己を理解することを学ばなければなりません。もう二度と戻れないほど、これまでとはまったく違う自分になる必要があります。

あなたの前に立ちはだかっている山は、宿命であり、今ここにいる理由そのものです。あなたが進む道が今ようやく、はっきり見えてきました。いつの日か、あなたは山を乗り越えて先へと進むでしょう。**でも山を乗り越える過程でできあがったあなたという人物は、今後ずっとあなたの中に存在し続けます。**

contents

第1章 どうしてもそびえたつ問題は、あなたが原因である

第2章

心から求めていることを知らないと、人生は悪化する

第3章 感情を信じてはいけない

第4章 心の知能指数が高いとは、本当の感情を理解していること

第5章 人間は感情を回避するためには何でもやる

第６章

脆さは人生の何よりも大切である

第7章 抑圧は無意識、コントロールは意識的

凡例
・[ ]内は訳注

第1章

どうしてもそびえたつ問題は、あなたが原因である

やればプラスになることをやらないのには、必ず理由がある

人生で何よりもあなたを一番抑えつけているのは、ほかでもないあなた自身です。もしも、今いる場所と、本当に到達したいと思う場所が違うのであれば（そして違いを縮めようと努力しても、なぜかいつも抵抗してしまったり、不快感に苛《さいな》まれたりするのであれば）、ほぼ確実に自分を破壊してしまう行為――つまり自分で自分をダメにしてしまう自己破壊の力――が作用しています。

自己破壊的行為は一般的に、自分のためにならないようなことをなぜかしてしまったり、やらなければならないことをつい先のばしにしたり、見ないようにしたりすることです。これは、意志の弱さの結果のように思えます。**でも実際の理由は、まったく別のところにあります。あなたに、無意識下の「思い」があるからできないのです。**

つまり、意志が強い弱いの問題ではないのです。

自己破壊的行為を克服するには、心理面を深く掘り下げる作業が必要になります。トラウマとなったできごとを見つけ出し、整理されていない感情を解放し、そして心

の知能指数や打たれ強く《レジリエンス》あることといった基本的な原則を育てる必要もあります。

簡単ではありません。けれども、誰もがいつかは取り組まなければならない作業なのです。

自己破壊的行為をついしてしまうなら、無意識に何かある

精神科医のカール・ユングは子どものころ、ある日学校で転んで頭を地面に打ちつけてしまいました。怪我をしたユングは心の中で、こっそりこう呟きます。「やった、これで学校に行かなくてすむかも」[★3]

ユングは今でこそ洞察力に富んだ数々の研究で知られていますが、子ども時代は学校が嫌いで、同級生にもうまく溶け込めませんでした。このできごとから間もなく、ユングは失神の発作を時折起こすようになりました。のちにユング自身が「神経症」と診断した症状を発症していたのです。ユングはその後、あらゆる神経症は、「何かしらの合理的な苦しみの代わり」に発症すると悟ります。

失神の発作は、居心地が悪い授業に出たくない、という無意識の欲求の現れだとユ

ングは考えるようになりました。**同様に、多くの人にとって恐怖と執着は、自分でもどう対処していいか分からない深い問題が、単に症状として現れたに過ぎないことが多いのです。**

自己破壊的行為はただの「うまく機能していない」反射的な機能

「自己破壊的行為」とは、心の奥底に秘めた願いを満たしたいのに、意識がそれを拒否するときに起きます。**拒否するのはたいてい、自分には無理だと思っているのが原因です。**

よくあるのは、人間関係を妨害することです。

それは、本当は心が自分自身を深く知りたいと思っているのに、ひとりになるのが怖いというだけで、誰かとつきあっているからです。

仕事で成功するのを妨害することもあります。

心が本当は芸術的な創作活動をしたいと思っているのに、「社会的に野心がない」

と思われてしまうのが嫌で仕事をしているだけだからです。

精神分析で心を癒すことを妨害することもあります。

そうすれば、感情を味わわなくてすむからです。

心の中の自分の声に耳を傾けるのを妨害することもあります。

自分を信じてしまったら、きっと自由を感じて世界に飛び出し、リスクを冒してしまうからです。そのせいで危険な目に遭ってしまうかもしれません。


自己破壊的行為とは多くの場合、単なるうまく機能していない「対処メカニズム」です。「対処メカニズム」とは、体が反射的にしてしまうことで、目の前にある嫌な感情を回避するためにやってしまうことです。それには深い考えはありません。

自己破壊的行為とは、体が何も考えずにすむようなラクな対処法のひとつにすぎません。実際に問題を解決してくれるわけではないのです。**単に自分の欲求を麻痺させて、一時的な安堵感を味わうだけなのです。**

「ばくぜんとした恐怖」があるとき、人は別の感情に逃げる

自分にとってもっとも破滅的な行動を、世の中や自分自身に対してずっと抱いてきた、「根拠のない恐怖」が引き起こすこともあります。

それはたとえば、自分は頭が悪いとか、魅力的でないとか、嫌われているといった恐怖のことです。あるいは、失業する、エレベーターに乗る、ひとりの人ときちんとおつきあいする、など実際の行動に対する恐怖の可能性もあります。

もっと漠然としたことかもしれません。誰かに狙われているんじゃないかとか、誰かが自分のテリトリーに入り込んでくるんじゃないか、捕まるんじゃないか、濡れ衣を着せられるんじゃないか、などです。

ほとんどの人にとって、捉えどころのない恐怖は、何か別の恐れが表れたものです。**本物の恐れをあれこれと考えるのはあまりにも恐ろしすぎるため、私たちは実際には起きる可能性の低い問題や状況に投影するのです。**

その状況が現実になる可能性が低ければ、無意識的には起きないと分かっているため、「安心」して心配できます。つまり、現実に自分を危険にさらすことなく、怖いという感情を味わえるのです。たとえその「代わり」の恐れがどれだけ不快だとしてもです。

もし助手席に乗るのがとても怖いのなら、本当の恐れは、コントロールを失うことかもしれないし、誰かほかの人、あるいはほかの何かに人生をコントロールされるのが怖いのかもしれません。ひょっとしたら、「前に進む」のが怖いのかもしれません。

つまり走る車は、単に前に進むことを象徴しているにすぎないのです。

本当の問題が何であるかが分かれば、自分がいつもどう主導権を手放してしまうか、なぜ受け身でいるかを考えるなど、解決に向けた努力を始められます。

しかし本当の問題が分からなければ、車の助手席に座り続けながら、不安にならないように、と自分に言い聞かせ続けることになります。その間、症状はただただ悪化するばかりです。

もし表面的な解決をしようとすれば、今後ずっと壁にぶち当たることになるでしょう。**傷を癒す戦略を立てていないのに、無理やり絆創膏をはがすようなものだからです。**

自己破壊的行為をするのは、無意識のネガティブな思い込み

自己破壊的行為は、あなたが自分に言い聞かせている「自分の物語」が古くなっていたり、かたよっていたり、正しくなかったりするときに表れます。単的にいうと「認めたくない」状態です。

人生は、自分自身をどう考えるかによって決まります。

自分に対して抱くイメージとは、これまでの人生であなたが築き上げてきたものです。親や友達の考えなど周りの人たちの意見や影響、個人的な経験を通じて理解したこと、などをつなぎ合わせてできています。

このようなセルフイメージを変えるのは、難しいものです。脳が持つ確証バイアス〔自分の考えや期待に合致する情報ばかり集める脳の傾向〕のせいで、自分に対して抱いている信念が正しいと思い込んでしまうからです。

自己破壊的行為の原因は、たいていの場合、自分が達成したいことがあったとして

も、それを心の奥底ではよくないことだと思っていることがあります。誰かすでに達成している人を見て、ネガティブに思っているのです。

たとえばあなたの悩みが、「金銭的に安定したいのに、いつも自分で自分の努力を台なしにしてしまう」ならば、**まずは自分がそもそもお金に対して本当はどう思っているのか知る必要があります。**

両親は、お金をどう扱っていましたか？

もっと重要なことがあります。それは、親はお金持ちやお金を持っていない人のことを、どう言っていましたか？

金銭面で苦労している人の多くは、お金そのものを否定することで、お金のない人生を正当化しています。彼らは、お金持ちはみんなひどい人だと言うでしょう。もしこれまで、お金持ちについてそんな話ばかり聞かされながら育ったのであれば、お金を手にすることを拒絶してしまうのではないでしょうか？

自己破壊的行為をしている問題にまつわる不安は通常、自分自身の固定観念の表れです。

ある人がいつか作家として大作を書きたいと思いつつ書けないのは、本当のところ執筆などしたくないからかもしれません。

作家になりたいのはただ、人から「成功者」として見られたいだけなのです。そうすれば称賛してもらえますから。これは、誰かに受け入れてもらいたいのに受け入れてもらえない、と思っている人が抱きがちな考えです。

ジャンクフードばかり食べてしまうのはもしかしたら、心を落ち着かせるためかもしれません。けれど、一体なぜ心を落ち着かせたいのか、自問したことはないでしょう。あるいは、悲観主義なんかではまったくないのに、人に不平不満ばかり言ってしまうのはもしかしたら、それを聞いてもらうことでしか、人と仲良くする方法を知らないのかもしれません。

この状況を乗り越えるには、自分の中に存在するこうした考えに疑問を持ち、新しい考え方をするようになる必要があります。

お金を持っている人は誰もが不正行為をしているわけではない、と理解できるようにならなければいけません。利己的なお金の使い方をする人も、確かに存在します。でも新しい考えとして、善良な人も自分や他者に時間やチャンス、健やかな環境を与えるためにお金を手に入れようと努力をしていることを認めるべきです。

世間に出て何かをすれば、非難されることもあります。でもそれが何かをやらない理由にはならないことも、理解する必要があります。さらには、体に悪い食べ物以外にも、心を落ち着かせる方法はたくさんあること、ネガティブに不平不満を言う以外に人とつながるもっと良い方法があることを、自分に教えてあげなくてはいけません。自分が抱いていた固定観念に疑問を持ってよく観察するようになれば、それがいかにゆがんで非合理な考えだったか、そしていうまでもなくあなたのポテンシャルを抑えつけていたものだったか、見えてくるはずです。

「未知の世界」は誰にとっても怖いもの

人間は、未知のものに自然と抵抗します。**というのもそもそも人は、知らないものはコントロールできないからです。**「未知のもの」がたとえ善意だったり、恩恵をもたらしてくれるものだったりしてもです。

自己破壊的行為のほとんどは、単に「未知」から生まれたものだったりします。たとえそれが良いものであっても、異質なものは慣れるまでに不快感を伴います。多くの場合、未知だからこその不快感を、「間違っている」「悪い」「不気味」だと勘違いします。**でもここで必要なのはただ、未知なものに慣れることです。**

心理学者のゲイ・ヘンドリックスはこれを「上限」と呼んでいます。これは、その人が幸せをどれだけ受け入れられるかを決めます。[★4] いい気分になることをどれだけ自分に許してあげるかには限度があります。

そしてこれは、一部の心理学者が「ベースライン」（基準）と呼ぶものや、なにかの状況が一時的に変化しても結局はいつも戻ってしまう、その人の「性質」と呼んだりするものと似ています。

それらは変わらないのでしょうか？　長い時間をかけて積み重ねれば、小さな変化ならあるでしょう。

とはいえ、変化は長くは続かないことがほとんどです。それは、さきほどの「上限」に達してしまうからです。

自分が慣れ親しんだ幸福度が、未知の「上限」に達したとたん、私たちは意識的にも無意識的にも、居心地のいい状態に戻れる手段を探し始めてしまうため、変化を自分に許さないのです。

あなたが信じていることは、浅い考えではないか？

あなたがこれまでつくり上げてきた物語のうち、古くなったのは何かを知りましょう。それを変える勇気を持つことが非常に大切です。

もしかしたら、人生でこれまでほとんどの間、自分にはせいぜい、標準的な年収5万ドルを中堅企業で稼ぐことくらいしかできないだろうと思ってきたかもしれません。

もしかしたら、長い間「私は心配性だから」と思い続けてきたため、実際に心配性としてふるまうようになり、根本的に自分がどんな人物かという信念に、「心配」や「不安」を自ら取り入れてしまっているかもしれません。

もしかしたら、視野の狭い社会集団や似たような価値観を持つ人たちの中で育てられたかもしれません。

もしかしたら、政治や宗教について、疑問を持ったり、人とは違う結論を出したりしてもいいのだ、と知らずに過ごしてきたかもしれません。

もしかしたら、自分がおしゃれをしたり、幸せを感じたり、世界中を旅したりできる可能性を考えたことすらなかったかもしれません。

あるいは、視野の狭い信念は、安全でいたいという思いからきた可能性もあります。だからこそ、何か行動をして未知なものに接しなければならない不安よりも、何も変わらない安心感の方がいいと思ったり、ワクワクするよりも無関心でいたいと思ったり、苦しんだ方が価値のある人間になれると考えたり、人生には良いことがあれば、同じくらい悪いこともあるに違いないと信じていたりするのかもしれません。

自分の本当の恐れを知り、深い意味で癒されるには、考え方を変える必要があります。ネガティブだったり間違っていたりする信念に意識して注意を向け、自分のためになる考え方がきちんとできるようになる必要があります。

現実から目を逸らしているとき、人は自分以外のものを「責める」

ここまで紹介した自己破壊的行為に関する情報は、なんとなくそうかも、と思うかもしれないし、あるいはかなり納得できると感じるかもしれません。

いずれにせよ、人生を本気で変えたいなら、自分の現状を否定するのをやめなければいけません。**きちんと現実の自分と向き合う必要があります。**

自分はもっとうまく生きられるはずだ、と思うなら、きっとできます。

自分の人生にはもっとやるべきことがあるはずだ、と思うのなら、きっとあります。

本当の自分ではない気がするのなら、きっと違うのです。

こんなときよく使うのは、ポジティブな言葉を自分に言い聞かせる「アファメーション」です。しかし、これに意味はありません。こんな生ぬるい正当化は、不快感を一時的に麻痺させるだけで、長くは続きません。

なぜうまくいかないのでしょう？

それは心の奥底で、本当はなりたい自分になり切れていないことを知っているからです。現実を受け入れるまで、心に平穏は訪れません。

現実から目を逸らしているとき、人は「責める」モードに入りがちです。**自分の現状の言い訳になりそうな誰か、あるいは何かを探してしまうのです。**

そして正当化し始めます。

人生に満足できない理由を常に――毎日のように――言い訳しなければならないのなら、それは自分のためになりません。そんなことをしても、心の底から求める永続的な変化には一歩も近づけません。

やみくもに「自分を愛する」ことは間違い

何を癒すのであれ、最初のステップは、すべての責任は自分にあると認めることです。自分や人生の現状について、否定するのをやめるということです。

外から見たあなたの人生がどんなものであるかは、関係ありません。あなた自身が内側でどう感じるかが大切なのです。

常にストレスを感じていたり、パニックになったり、不満を抱えているのに「大丈夫」なわけはありません。何かが間違っているのです。ここに気づかないまま「自分を愛する」よう努力すればするほど、苦しみも長引きます。

自分に対する最大の愛情表現は、問題をはっきりと率直に指摘することです。

これがまさに、人生を本当の意味で根こそぎ変えるためにやらなくてはならないことです。真の変化をもたらす最初のステップになります。

紙とペンを用意してください。そして今、自分が満足していないことをすべて書き出しましょう。今抱えている問題をすべて、具体的に書き出します。金銭面で悩んでいるのなら、**どこが問題なのかをはっきりさせる必要があります**。抱えている借金、支払わなければならない請求書、持っている資産、ありとあらゆる収入源、すべて書き出しましょう。

自分が自分に持っているイメージに悩んでいるなら、自分の何が嫌いなのかを書き出します。不安感で悩んでいるなら、気になることや不安になっていることをすべて書き出しましょう。

何よりもまず、現実を否定するのをやめて、何がダメなのかはっきりと理解する必要があります。この時点で、あなたには選択肢があります。納得して現実を受け入れるか、変わろうと決意するかです。そこでグズグズしてしまうから、身動きがとれなくなるのです。

人生を変えるために必要なのは、深い怒り

人生を変えなければいけないと自覚してさえいれば、その方法がまったく分からなくてもいいのです。

ついさっき始めたばかりでもいいのです。

乗り越えようとするたびに毎回失敗してきたとしてもいいのです。

癒しの道のりはたいてい、底辺からスタートします。残念ながら、急に突然真理を悟ったり、最悪の日々が魔法のようにひらめきをもたらしたり、誰かがこの狂った日々から救ってくれたり、ということはありません。

底辺がスタートとなる理由は、人はそこまでいかないと、「こんな思いはもう二度としたくない」と思わないからです。

この思いは、単なる気まぐれではありません。宣言であり、決意なのです。後にも先にも経験できないくらいに、人生を激変させるものです。今後すべてを築き上げていく土台となります。

もう二度とこんな思いをしたくない、と決意するとき、あなたという人物をがらりと変える、自己認識、学び、成長の旅にあなたは出ることになります。

まずは、過ちなど重要ではなくなります。誰が何をしたかとか、誰に何をされたかなどとあれこれ悩まなくなるのです。その瞬間、あなたを導くのは、たったひとつの思いです。

「たとえ何があっても、もう二度と人生をこんな状態にさせたくない」

自分がどん底にいるのは「ツイていないから」ではありません。偶然ではないのです。底辺にまで落ちるのは、本当の理由は自分の習慣が次々と重なっているからです。対処メカニズムでは手に負えない状態に陥って、隠そうとしていた感情が抑えきれなくなったときです。

どん底の状態はチャンスです。問題の共通点は唯一、自分だけだと気づかされ、ようやく自分に向き合う状態になったからです。

ちょっと落ち込んだだけの日には、「もう二度とこんな思いはしたくない」とは思いません。限界点に達するのは、自分が抱えている問題が、世の中のせいではなく、自分のせいだとようやく受け入れられるようになったときです。

このように清算できるのは、すばらしいことです。

作家のアヨデジ・アヴォシカは、彼自身の経験をこう語っています。「これ以上ないくらい、とことんうんざりする必要があります。とにかくつらい状態。僕は実際に叫んでしまったくらいです。〝もうこんな生き方イヤだ、クソくらえだ！〟ってね」

変わらない方が不快だという状況になるまで、ほとんどの人は人生を変えようとはしません。それはつまり、ほかに手の打ちようがないというときまで、習慣を変える難しさを受け入れようとはしないということです。


本気で人生を変えたいなら、激しい怒りに身を任せましょう。

他人への怒りではありません。

世の中に対する怒りでもありません。

自分の中で燃やす怒りです。

怒りまくって、決意をして、たったひとつしか見えないトンネルのように狭い視界をつくるのです。その先に見えるたったひとつとは、「今の自分を変えてみせる」という思いです。

自己破壊的行為をやめるときは、徹底的な変化が起こったということ

自分の内側を考える作業は非常に大切ですが、人がそれを避ける最大の理由は、自分を癒したら人生がただ変わるだけでなく、**劇的に変わってしまう可能性もあると知るからです。**自分がいかに不満を抱えているかを受け入れるなら、今よりもっと不快な思いを味わうか、恥をかくか、恐怖を感じなければいけなくなります。

ここでひとつ、はっきりさせておきましょう。**自己破壊的行為を完全にやめるとはつまり、変化がすぐそこまで来ているという意味です。**

新しい人生は、古い人生という犠牲を払わないと手に入りません。

自分にとっての快適ゾーンや方向感覚を手放す必要があります。

恋人や友人を失うことになります。

好かれたり理解してもらったりできなくなります。

でもそれはたいしたことではありません。

あなたの人生に必要な人なら、変化の先できっと待っていてくれるでしょう。好かれる代わりに、愛されるようになります。頭で理解してもらえる代わりに、心から分かってもらえるようになります。

失うのはただ、過去のあなたに合わせてつくられてきたものです。

古い人生への執着は、最初で最後の自己破壊的行為です。本物の変化を本気で見たいなら、変化への準備として、その執着を手放さなければなりません。

第2章

心から求めていることを知らないと、人生は悪化する

人間の本質は信じられないくらい利己的

あなたの人生を深く見つめるために、自己破壊的行為について、もっと具体的に見ていきましょう。

自己破壊的行為とは、ふたつの矛盾する欲求があるときに起こります。ひとつは意識的、もうひとつは無意識的な欲求です。

乗り越えることができないくらい大きな問題が人生に起きているとき——とりわけ、解決法は非常にシンプルで簡単に思えるのに、なぜかその解決法を続けられないとき——**あなたが抱えているのは大きな問題ではなく、大きな執着です。**

人間は、やりたいことなら基本的に何でもする、という驚くべき面を持っています。

これは、人間の生活のあらゆる部分に当てはまります。どんな結果を招こうとも、

人間の本質は信じられないくらい利己的です。どうしてもやりたい何かがあるとき、人は誰を傷つけようが、どんな影響があろうが、あるいは将来的にどんなリスクが生じようがお構いなしです。そう考えると、あなたの人生に今あるものは、あなた自身がそこに欲しいと思っているからあるのだ、と理解できるでしょう。

たとえば、自分がなぜいつも「間違った」恋愛相手を選んでしまうのか、分からないという人がいます。拒絶される、虐待される、浮気されるがお決まりのパターンになってしまう人です。

もしかしたら、幼かった頃に経験した人間関係のあり方から、喪失や見捨てられることと愛を結びつけており、今の人間関係でそれを再現していることに気づいていないのかもしれません。

もしかしたら、自分が無力に感じてしまう家族の関係を再現したいのかもしれません。子どもの頃のような関係の中に今度は大人として身を置き、依存症やウソつき、何らかの問題を抱えている人を、今回こそ助けたいと思っているのです。

自己破壊的行為って具体的にどんなもの？

自己破壊的行為とはこういうものだとか、こういうものではないとはっきり断言はできません。というのも、ある人にとっては健全な習慣や行動でも、別の人にとっては不健全なものになることがあるからです。

しかし、典型的な自己破壊的行為といえる特定の行動やパターンは存在します。ここでは、自己破壊的行為の主な行動と、その対処法を紹介します。

問題行動　「やった方がいい」のになぜかできないこと――「抵抗」

抵抗とは、たとえば、作業しなければならない新プロジェクトがあるのに、なぜか着手する気になれないとき、あるいは、すばらしい人とつきあい始めたのに、デートを断ってしまうとき、ビジネスで最高のアイデアを思いついたのに、実際に始めようとすると、一歩を踏み出せなかったりするとき、などです。

人生は、うまくいっていないときよりも順調なときの方が、抵抗を感じることが多いものです。何かを楽しむ、つくる、構築するとき、私たちは、成長し繁栄する力を発揮しようとします。しかし慣れない感覚であるため、怖気づいてしまうのです。

対処法 「したい」気持ちを確かめよう

抵抗とは、新しいものに愛着を抱いても大丈夫なのか、スピードを落として確認しようとしているのです。あるいは、「何かがしっくりきていないので一歩下がってやり直す必要がある」という警告である可能性もあります。

抵抗は、面倒なことの先送りや無関心とは違います。抵抗があるとき、そこには必ず理由があります。注意を払いましょう。抵抗があるのに無理やり実行に移そうとすれば、抵抗感を強めてしまうのが普通です。自分の中での葛藤が高まり、そもそも抵抗している原因である恐怖を改めて引き起こしてしまうからです。

抵抗を手放すには、自分が何を求めているのかにはっきりとフォーカスし直す必要があります。抵抗を感じたあとに全力で取り組むよう背中を押してくれるのは、「したい」という気持ちです。

問題行動　幸運も拒否してしまう──「上限」に達する

前述したとおり、ほとんどの人は、ある程度までしか幸せを感じることを自分に許しません。ゲイ・ヘンドリックスが「上限」と呼んだものです。

基本的に上限とは、人生にどれだけ「良いこと」を受け入れられるかです。ポジティブな感情をどれだけ感じられるか、またはポジティブな出来事をどれだけ経験できるかの範囲のことです。

上限を超え始めると、慣れ親しんだ快適な状態に戻ろうとして、今起きていることを無意識のうちに自分で妨害し始めます。**人によってはこれが身体的に、うずき、痛み、頭痛、体のこわばりとして現れます。**または感情的に、抵抗、怒り、罪悪感、恐れとして現れる人もいます。

幸運も拒否するなんて、常識に反するように思えるかもしれません。でも人間は、幸せを求めるようにはできていません。**快適さを求めるようにできているのです。**

そのため、快適ゾーンの外にあるものは何でも、慣れるまでは危険や怖いなどと感じてしまうのです。

対処法 **人生で新しいレベルに入ったことに慣れよう**

自分の上限に達するのは、本来すばらしい兆候です。**人生で新しいレベルに入ったということであり、何よりもまずは自分を祝ってあげるべきことです。**上限の問題を解決するには、少しずつ新しい「日常」に慣れるようにしましょう。

大きな変化を起こして自分にショックを与えるのではなく、ゆっくりと慣らして適応していきます。時間をかけて行うことで、望む人生に合わせた快適ゾーンを少しずつつくり直すことができます。そのうちに、自分のベースラインが徐々に新しい水準へとシフトしていくでしょう。

問題行動 **丸ごと全部なかったことにする――「抜根《ばっこん》」**

「抜根」とは、根を引き抜いてしまうことです。

たとえば、自社のウェブサイトをすぐにつくり変える、つきあう相手を次々と変える、といったことです。本来ならば既存顧客をもっと大切にする、恋人との関係に問題が生じたらきちんと向き合う、ことなどに取り組むべきなのにです。

抜根は、花開くことを自分に許していません。ただ、芽を吹くことのみを楽しんでいるだけなのです。

または、ストレスへの健全な対処法を知らない、あるいは問題解決がうまくできないことが原因だということもあります。人生の本当の問題から注意を逸らすための手段として、抜根をしている可能性もあります。新しい仕事や新しい町でやり直すことに意識を向けざるを得なくなり、注意を逸らすことができるからです。

対処法 自分にとって、本当にいい関係とは何かをゆっくり考えよう

まずは、自分のパターンを知りましょう。

抜根でよくあるのは、根を引き抜いている自覚がまったくない、ということです。そのため、もっとも大切なステップは、今何が起きているかを自覚することです。

ここ数年の自分の足跡を振り返ってみましょう。何回引っ越しましたか？　何回転職しましたか？　新しい家や職場の何がイヤで離れたのか、考えてみましょう。

次に、自分が何を本当に求めているのかをはっきりさせる必要があります。

抜根はときに、求めているものだと思って飛びついてみたものの、よくよく考えてみたらたいして欲しいものではなかった、という場合に起こります。

ある場所で暮らし、そこで人とのつながりを築き上げたら、どうなるでしょうか？　同じ場所でずっと働き、そこで出世したり自分の事業を築き上げたりしたら、どうなるでしょうか？

「抜根をしなくなるようになる」とは、自分が求めていないもので妥協するという意味ではありません。これ以上動かないようにするために、危険あるいは不健康な状況に身を置き続けることでもありません。

自分にとってどの道が正しいのかを見極め、決意すること。そしてどうすればそこで、日々をやり過ごすのではなく輝けるようになるのか、計画を立てることです。

いつもの自分だったら逃げてしまう瞬間がきたとき、居心地の悪さと向き合い、そこにとどまりましょう。**特定のものとつながるのを居心地悪く感じるのは「なぜ」なのか原因を探り、自分にとって健全な「つながり方」はどういうものか見つけ出しましょう。**

問題行動 「完璧」にこだわってしまう

自分の仕事は始めから完璧でなければいけない、と考えると、完璧主義のサイクルにはまってしまいます。

完璧主義は、そんなにいいことではありません。人生でどんな成果が出せるのかについて非現実的な期待をつくり上げてしまうため、むしろ妨げになります。完璧主義のせいで、本気で努力したり、人生で大切な物事をこなしたりすることに躊躇《ちゅうちょ》してしまいます。

その理由は、失敗が怖かったり、心細かったり、他人に見せたい自分より本当は劣っていたりしたとき、実力をつけるのに必要な努力をしなくなってしまうためです。

対処法 とにかくトライしてみる

うまくやろうなどと思わないことです。ただ行動に移しましょう。

ベストセラーなんて書けなくていいのです。とにかく書きましょう。グラミー賞を受賞するようなヒット曲なんてつくらなくていいのです。とにかく曲をつくりましょう。失敗なんて恐れず、ただ行動に移してトライしましょう。まず大切なのはただ、本当にやりたいことをする、それだけです。

自分の行動で人を感動させられるだろうかとか、世界を変えられるだろうかなどと心配していると、何かを成し遂げることなどできません。物事を成し遂げるのは、ただ本気で取り組み、意義ある大切な何かをつくり出すのを自分に許してあげるときなのです。

完璧を目指すのではなく、過程に意識を向けましょう。ただやり遂げることに意識を向けましょう。

問題行動 イライラや悲しみを抱えることができない——感情処理能力が低い

生きていれば、心を乱されたり、イライラしたり、悲しくなったり、怒りを感じたりします。感情を処理できないと、自分の成長を妨げてしまいます。

イライラや不快感といった感情を処理するツールを持ち合わせていないと、そういった感情になりそうな状況をすべて避けるようになります。**これは、人生を良い方へ変えてくれるであろうリスクや行動までも、避けるようになってしまうということです。**

さらに、感情を処理できないということは、その感情を持ち続けることになります。怒りや悲しみを解消する方法を知らないので、いつまでもその感情を抱えたまま座り、くよくよ悩むしかないからです。

対処法 なぜそんなに自分が傷ついているのか考える

何が健全な感情処理かは人によって異なりますが、一般的には、次のようなステップになります。

1 今起きたことを理解する。
2 自分の感情を確認する。
3 軌道修正の方法を決める。

まず、なぜ自分の感情が乱れているのか、あるいは何がそんなに気に障《さわ》るのか、起きたことをきちんと確認しましょう。ここをはっきりしないと、自分がなぜそんなに傷ついているのかを理解しないまま、細かいことをあれこれと考えて時間をむだにしてしまいます。

次に、自分が何を感じているのかを確認します。ここで大切なのは、**あなたと同じ状況にいれば、恐らく誰だって似たような感情を抱くだろうということです（そして実際に抱いています）**。だから、あなたが今感じている感情も、それでいいのです。そう理解すれば、泣く、震える、感じていることを日記に書く、信頼できる友達に話す、という物理的な解放ができます。

感情をすべて表現することを自分に許してしまえば、自分が思い描く未来を手にするために、どう行動や思考プロセスを変えるべきか、決められるようになります。

問題行動　部屋が汚い

人生や自分の空間をごちゃごちゃのままにしている状態のとき、実はそこには無意識の目的があって、注意力が散漫になる状態やカオスをつくり出していることがよくあります。

職場でも自宅でも、清潔で整頓された空間は、活発な活動をするうえで絶対不可欠です。

整理整頓されていないと、チャンスを多くつくり出せなくなってしまいます。

心の奥底では、誰だってこのことを分かっています。整理整頓ができないという自己破壊的行為をする理由はたいてい、非常に清潔で片付いた場所にいると、落ち着かないと感じてしまうからです。というのも、すべてが整った状態になったということは、やるべきことをやり、なりたい自分になるための努力をすべきときだ、という合図だからです。

対処法　小さなスペースから始める

何事にも言えることですが、ゆっくりと時間をかけて自分を変えていく必要があります。まずはひとつの部屋から、整理整頓を始めましょう。もしそれでも手に余るのであれば、どこかひとつのコーナー、引き出し、クローゼットから着手します。まずはそこだけ整理整頓し、その後きれいな状態を保つ習慣をつけるのです。

それができたら、空間をさらに整えていきましょう。たとえばディフューザーのように心が落ち着くものをベッドサイド・テーブルに置く、キッチンにカレンダーを置いて、家族みんなの予定やスケジュールが分かるようにする、などです。

もし郵便物がいつもごちゃごちゃになってしまうのなら、郵便物が届いたらいつも置いておく場所をつくりましょう。洗濯物がいつもたまってしまうのなら、洗濯のルーティンをつくり、週に1日か2日で曜日を決めて、一気に洗濯します。

そうやって、整理整頓に慣れていき、最終的には当たり前の状態になるようにしなければいけません。すると、自分の人生をコントロールできている感覚がすることに気づくはずです。

問題行動 本当は求めていないことをやっている

あなたが自分の夢だと思っていることは、ときに自分以外の誰かの夢だっただけということがあります。あるいは、昔の目標だったけれど、成長して、もっと違ったものを手に入れたいと思うようになることもあります。

人は、それを手に入れたいのだ、と無理やり思い込むよう努力し続けることがあります。しかし、心から求めているものではないため、いつも虚しい気持ちになります。実行に移せないのは、恐怖心やスキル不足が原因ではありません。自分が手に入れたいのは本当はこれじゃない、と心の奥底では分かっているからです。

何かがうまくいかないとき、次のことを自問してみましょう。

「自分は本当にこれがしたいんだろうか？」

本当にその仕事がやりたいのでしょうか？　それとも、職業名に憧れているだけですか？　本当にその人のことが好きなのでしょうか？　それとも、誰かとつきあいたいだけですか？　自分が抱いていた「最高の成功」はもう古くなってしまったのに、いまだにそれを目標にしていませんか？

もしそうなら、それを手放したらどうなるでしょうか？

自己破壊的行為はときに、自分の人生にとって何がベストなのかを決意させます。

たとえそれが、若かった頃の自分やほかの誰かを落胆させてしまうとしてもです。

若かりし頃の自分が理想だと思った成功を実現するために、残りの人生を費やす必要はありません。私たちが持つ唯一の責任は、成長した今の自分のために物事を決めることです。

対処法 昔の夢と今の夢は違うことを受け入れる

あなたの「サクセス・ストーリー」は、かつての自分が想像したものとは違うかもしれないことを、前向きに受け入れましょう。

あなたが本気で手に入れたいと思うものは、毎日平穏に過ごすことかもしれないし、仕事ばかりの人生ではなく旅ばかりの人生にしたいということかもしれません。もしかしたら、たくさんのすばらしい友達に囲まれること、あるいは誰かと幸せなおつきあいをすることかもしれません。10年前に始めた事業は、一生続けたい仕事ではなかったかもしれません。大好きだと思った仕事は、思ったほど自分に合っていないかもしれません。

手放すと、次を見つけるための空間が生まれます。ただしそのためには、プライドをかなぐり捨てて現実を見るという、ものすごい勇気が必要となります。

問題行動 **間違っていることも、プライドが邪魔をして正せない**

自分がこれまで下した最悪の決断の多くには、プライドが関係していることがよくあります。つきあっている人とうまくいかないのに、別れる方が恥だと思ってしまうことがあります。起業してからそのビジネスをそこまで好きではないと気づいたものの、助けを求めないこともあります。

こんなとき、プライドが邪魔をしています。**他人からどう見られるかで物事を判断しているのです。**これは間違っているだけでなく、非常に不健全です。

対処法 **ベストを尽くしている人間の方が尊敬される**

プライドを乗り越えるには、自分の全体像をもっと正直に見つめる必要があります。

完璧で非の打ちどころがない自分を周りの人に見せなければ、と考える代わりに、もっと等身大の自分――欠点はあっても、ベストを尽くしている自分――を想像してみましょう。結局、人にどう思われるかを気にして、手放すべきものにいつまでもしがみついている方が、手放すよりもずっと格好悪いものです。**自分はみんなと同じように、学び、適応し、ベストを尽くしている不完全な人間だ、と認めることができた方が、人はもっとずっとあなたを尊敬してくれるでしょう。**

この考え方に至ることで、学びに心を開くようにもなります。**自分はすべてを知っていると決めつけたり、完璧なふりをする必要があると思い込んだりしないことで、間違ったときにはそれを認め、助けを求め、ときには人に頼ることができるようになります。**

問題行動 **成功を喜べない**

「ようやく十分生活していけるほど稼げるようになった」とか、「豊かさを手に入れた」などというときに感じる罪悪感があります。この罪悪感の出どころはさまざまですが、**「自分は豊かさを手に入れるのにふさわしくない」と思う感情に、最終的には集約されます。**

この感情はたいてい、収入が増えたり、良いものを手にできるようになったりしたときに湧いて来ます。そして、浪費したり、顧客や仕事をないがしろにしたりして、せっかく増えた収入をむだにするという自己破壊的行為をします。最低限必要な額以上を手にしていることを居心地悪く感じるため、**慣れ親しんだ「足りない」という快適な感覚に戻ろうとしてしまうのです。**

残念ですが、成功に罪悪感はつきものです。正しい行いをしたいとか、きちんとした人生を送りたいと考える善良な人にとってはなおさらです。

対処法　成功は、自分も他人も豊かにすると理解する

大成功している人のほとんどは、罪悪感などまったく抱かないことを知っておいて

ください。実のところ罪悪感が湧くのは通常、「足りない」と「やっと足りるようになった」の間に足を踏み入れたときだけです。

お金や成功は単なる「ツール」です。そのツールを使って時間を買い戻すことができます。ツールはさらに、ほかの人を手助けしたり、雇用したり、影響を与えたり、その人たちの人生を変えたりする機会を与えてくれます。

自分の成功を「ステータス」と見る代わりに（そう見てしまうと確実に、罪悪感や不快感を抱いてしまいます）、このツールのおかげで、世の中や自分の人生に対して重要でポジティブなことができるようになる、と考えましょう。

問題行動　自分を必要以下に小さく見せてしまう——矮小化

成功を矮小化するときは、自分はたいしたことがない人物であるかのように見せたり（そうすれば怖がられずに、もっと好いてもらえます）、ピークに達するのが怖いので「成功した」という感覚を抱かないようにしたりするときです。

心から願っていた成功をようやく手に入れたのに、実際に到達してみると、そこまですばらしい感覚じゃなかったとか、感動しなかった、あるいは想像していたほど気分が良くならなかった、などと感じることがよくあります。

これは、矮小化が原因です。「成功した」という考えは、頂点に達したらあとは下るしかない、という恐怖を抱かせます。

到達したことを認めてしまったら、目指すゴールはなくなってしまいます。これは死と似た感覚です。そのため私たちは、代わりとなる別の成功の尺度を見つけて、そこに向かって努力し続けてしまうのです。

同様に、ほかの人と一緒にいるとき、自分のプライドもあまり見せないようにします。そんなことは不躾《ぶしつけ》だと教えられているからです（不健全なプライドの示し方をしたら確かにそうでしょう）。

このときに私たちは、自分をほかの人よりも「優れている」と感じてしまいます。**そして、そんな考えには思いやりがないので、不快に感じて矮小化してしまうのです。**

対処法 自分の実績も、他人の実績も優れていると考えよう

ほかの人を評価しながらも、自分の実績や才能にも満足することはできます。褒められたときに軽く受け流す代わりに、こんなふうに答えられます。

「ありがとう。すごく頑張ったから、ここまで来れて嬉しいです」

恐怖心の原因は、「ピーク」に達するのはまだ早い、と思ったからかもしれません。上達したからといって、下手になるわけではありません。何かを手に入れたからといって、失って元に戻るわけではありません。それなのに本能的にそう考えてしまうのは、自分を古い快適ゾーンにいさせたいがための、自己破壊的行為なのです。

代わりに、人生の一部がうまくいけば、そこが輝いてすべてが明るくなる、と考えてみましょう。あることを達成したら、将来への備えがひとつ整ったということです。人生は、努力を続けていくうちに徐々に良くなっていくものです。悪化するのは**唯一、何かを達成した後に、成功した自分が怖くて心を閉じてしまうときです。**

「自己破壊的行為のサイクル」にはまっていないかを見極めるには

自己破壊的行為がどんなものか頭の中で理解できたとしても、一番難しいのは、自己破壊的行為をしているときにそれを自覚することです。

実際、それが自己破壊的行為だという目印はときとしてあまりにも小さく、分かりにくいのです。ほぼ認識できないため、問題が出てきたり、他人から指摘されたりしないと、気づけない症状がほとんどです。

自己破壊的行為によく見られる行動には、次のようなものがあります。

☑やりたいことよりやりたくないことに意識を向けている

やりたいことを想像したり、戦略を練ったり、計画を立てたりするよりも、起きてほしくないことを心配したり、くよくよ考えたり、意識を向けたりしてしまいます。

☑ ありのままのあなたを愛してくれる人と一緒にいるよりも、あなたを嫌う誰かに良いところを見せようと時間をかけている

家族や友人から愛されるために努力し、何があってもその人たちを優先するのではなく、あなたの「敵」に羨ましいと思われたいがために一生懸命になります。

☑ 現実から目を逸らしている

借金がいくらか、同じ業界で自分と似た仕事をしている人がどれだけ稼いでいるか、など、自分の人生の基本的なことを知りません。誰かと意見がぶつかると、問題点を話し合ったり解決策を考えたりせずに、ほとぼりが冷めるまでその場から逃げてしまいます。

☑ 実際に大丈夫かどうかではなく、周りの人に「大丈夫」と思ってもらおうと頑張る

実際に楽しかったかどうかを気にするよりも、楽しかったように見える写真をソーシャルメディア（SNS）に投稿します。みんなから人生が順調だと思われるための努力をします。

☑人生の最優先事項は人から好かれることになっている。たとえ幸せが犠牲になっても

自分の行動で自分が満たされるかを考えるよりも、その行動が人から認めてもらえるか否かを考えます（ところでこの「人」って一体誰なんでしょうね？）。

☑何よりも自分の感情が怖い

この世で一番恐ろしくて有害なのは、自分の感情が手に負えないという恐怖だ、と思っている場合、あなたを妨害しているのは、ほかでもないあなた自身です。

☑ある目標をなぜ手に入れたいのか自問もせずに盲目的に追いかける

「やるべきことはすべてやっている」のに、それでも、1日が終わると虚しくて落ち込んでしまうのなら、恐らく問題は、本当にやりたいことをしていないという点でしょう。

☑問題そのものではなく、対処メカニズムを問題と勘違いしている

食べすぎ、浪費、飲酒、セックス依存など、なんとかしなければいけないと自覚しているものを克服しようと闘う代わりに、**こうした行為が感情面のどんな欲求を満たしているのか、自問しましょう。**さもないと、永遠に闘い続けることになります。

☑イヤなことばかり考えてしまう

ネガティビティ・バイアスというもののせいで私たちは、「悪いこと」の方が「良いこと」よりもずっと現実的だと受けとめてしまいます。そのためこの傾向をどうにかしない限り、本当だったらイヤだなと思うものほど、現実の「良いこと」よりもリアルに感じてしまうかもしれません。

☑すべてに頑張ってしまう

意志の力は限りあるリソースです。1日に使える力には限界があります。ありとあらゆることをうまくこなそうとするのではなく、自分にとって一番大切なものを決めましょう。意識を向けるのはそれだけにし、ほかはすべて放っておきましょう。

☑誰かが扉を開けてくれる、認めてくれる、夢の人生を与えてくれるのを待っている

私たちは、成功とは、一番ふさわしい人、才能がある人、特権に恵まれた人に与えられるものだ、という思い違いをして育ちます。**ところが実際に成功してみると、自分の関心と情熱、スキル、市場の隙間がちょうど交差するところを見つけた人が成功していることに気づきます。**そこにちょっとした粘り強さが加われば、諦めない限り、成功しない理由はありません。

☑自分の努力に気づかない

あなたは、5年前のあなたとは別人です。セルフイメージもあなた自身も、進化しています。そのため、現実の自分を正確に反映したセルフイメージを持つようにしましょう。**自分には無理だと思っていたけれど克服できたもの、積み上げられたものをすべて褒めてあげましょう。**あなたは思っていたよりもずっと成長したし、ずっと目標に近づいたはずです。

あなたが心から求めていることを探らないと、人生は悪化する

人はときに、自分の中で激しく葛藤したり、強烈な自己破壊的行為を経験したりすることがあります。

その原因に、「コア・コミットメント」と呼ばれるものがあります。それは言わば、あなたが人生において第一に掲げている目標ややりたいことです。[★5]

無意識の中にあるコア・コミットメントは、あなたが何よりも求めているものですが、たいていは、自分でもその存在に気づいてすらいません。自分のコア・コミットメントが何かは、自分が何に一番悩んでいるかや、何に一番やる気が出るかに注目してみると分かります。

その一つひとつに対して自分が抱くモチベーションの層を剥がしていけば、根本的な原因が見つかります。**どこを剥がしても同じ根本的な原因に行き着くとき、それがあなたのコア・コミットメントです。**

人は一見すると無分別で予測不可能に思えますが、その人のコア・コミットメントが何であるかが分かれば、理解できるようになります。

たとえば、コア・コミットメントが「自由」の人は、自由を手に入れるために、仕事のチャンスを自らダメにしてしまうかもしれません。

「人から求められたい」がコア・コミットメントの人は、情熱的な関係をいくつも渡り歩くものの、いつか求められなくなるのが怖くて、正式な交際を拒否するかもしれません。

あるいは、「人生をコントロールしたい」がコア・コミットメントの人は、コントロールの喪失を象徴するようなものに説明のつかない不安を感じるかもしれません。

「人から愛される」がコア・コミットメントの人は、人生の特定の場面においてわざと無力を装うかもしれません。ひとりで何でもこなせると分かったら、みんな自分から離れて行ってしまうかもしれないからです。

欠点にこそ、本当にやりたいことが表れている

あなたのコア・コミットメントが分かると、「コア・ニーズ」も分かります。コア・ニーズとは、無意識にあるコア・コミットメントを本当に叶えるための行動です。コア・ニーズとは、自分が実際は次に何をすべきなのかです。そして、これらもすべて無意識にあります。

たとえばコア・コミットメントが「状況をコントロールすること」であれば、あなたのコア・ニーズは「信頼すること」です。

「必要とされること」であれば、コア・ニーズは「自分は求められていると知ること」です。

「他者から愛されること」なら、コア・ニーズは「自分を愛すること」です。

このように、コア・ニーズとは、コア・コミットメントの対極だと考えると簡単です。また、コア・コミットメントを叶えるために欠かせないものです。

そして、コア・ニーズが満たされなければ満たされないほど、コア・コミットメン

トを叶えたいという症状は大きくなります。

コア・コミットメントが「状況をコントロールすること」であれば、コア・ニーズは「信頼」ですが、周りを信頼できなければできないほど、対処メカニズムのうちネガティブな側面が勢いよく現れてしまいます。

それはたとえば、不健康な摂食パターン、孤立、外見に異常なほどこだわる、などの形で現れる可能性があります。

もしコア・コミットメントが「自由」で、そのため「自立心」がコア・ニーズであれば、自分なりの人生が構築できなければできないほど、チャンスを自らダメにしてしまい、本来なら幸せだと感じるべきときに消耗して、疲れ切ってしまうでしょう。コア・ニーズを満たせば満たすほど、コア・コミットメントを叶えようとする症状は消えていきます。

自分が本当に求めているのは何かを自分に問いかけるようになれば、自分の人生にある唯一の問題に、取り組めるようになるということです。つまり、自分のコア・ニーズを満たす生き方です。

「感情」と向き合うのはとても怖い

自分の行動の根本的な原因と目的を理解すれば、私たちは自分を変えられます。
しかし、自分はなぜ自己破壊的行為してしまうかを理解すれば、自己破壊的行為をもうしなくなるというわけではありません。

自己破壊的行為を克服するには、なぜ自ら成功を阻むのかを理解するだけでできるものではありません。自分が行きたい方向、必要とする方向に向けて、行動を起こせるということです。

この点は、非常に重要です。**これまでずっと避け続けてきた、まさにその感情に対峙することになるからです。**

自己破壊的行為をやめると、**自覚さえしていなかった抑圧された感情が湧き上がってくるようになります。**そのため、これまでより不快な感情を抱くことになるかもしれません。

自己破壊的行為の克服に取り組む際は、何をすべきか他人に教えてもらう必要はありません。私たちは、自分が何をしたいか、何をすべきか、分かっているからです。ただ、感情を抱くのが怖いせいで、できないだけなのです。この感情的な「待機状態」を解消するには、以下に取り組んでみましょう。

不快な感情をしっかり味わう

最初に直面する可能性が高い感覚は、抵抗です。

どことなく「身動きが取れない」感覚、あるいはまるで壁にぶち当たったかのように体が硬直した感覚です。**これは通常、その下にある、もっと強烈な気持ちを自覚しないよう覆い隠しています。**

抵抗を感じたら、「力づくで進める」ことはしない方が賢明です。

むしろ無理に進めようとすると、すでに直面しているその壁に何度もぶつかることになります。無理に進めても問題が解決されるわけではないため、自己破壊的行為がさらに強まってしまいます。

代わりに、まずは質問を自分に投げかけてみましょう。

なぜこんな感情を抱くのだろう？

この感情は、今しようとしている行動について何を伝えようとしているのだろう？

ここで学ぶべきものはあるだろうか？


「今とは違う、もっと良い生き方がしたい」なら、かなりの抵抗が消えていくはずです。恐怖よりももっと大きなビジョンが、あなたの背中を押してくれるからです。

あるいは、怒りや悲しみ、力不足といった、抵抗とは違う感情を抱くかもしれません。こうした感情が湧いてきたら、そのための心の空間をつくってあげることが非常に大切です。つまり、感情が体の中から湧いてくるのに任せ、観察するのです。

この感情を抱くと自分のどこが緊張するのか、どこが締めつけられるのか、観察してみましょう。

湧いてくるものを感じましょう。

感情を味わう恐怖以上に不快な状態になることはありません。**というのも実際に感情を味わってみると、たいていは思い込みからくる体のこわばりくらいしか感じないものだからです。**

こうした感情の多くは、自己破壊的行為と関係あるところから来ている可能性があります。

もし過去に親にされたことに今も腹を立てている場合、怒りや不信感から、人間関係で自己破壊的行為をしてしまうとしても不思議はありません。

自己破壊的行為に伴う感情は通常、何の脈略もないものではありません。むしろその感情をたどっていけば、自分が本当に必要としているものは何か、自分の中でまだ解決できていない問題は何か、深い洞察が得られる可能性もあります。

こうして気づいた感情を完全に手放すには、自分に手紙を書くといいでしょう。若かった頃の自分に向けるか、未来の視点から書くかします。なぜ手紙を書くのがいいかといえば、感情をしっかりと味わえる余裕をくれるからです。

自分のことが大切だから妥協はしないこと、あるいは不公平だったり不満だったりする状況では怒ってもいいことを、思い出しましょう。そして、感情の深みを味わうための余裕を自分に与えてあげましょう。

そうすれば、感情によって行動が左右されることはなくなります。

安心感という「感情」を意識的に切り離して、理論で行動する

自己破壊的行為を克服するための最後のレッスンは、行動と感情を切り離す術《すべ》を学ぶことです。

人生を前へ進めようとしているのに自ら阻止してしまう理由は、変化を起こす力がないからではありません。変化を起こす気になれないからです。だから変化を起こさないのです。

理由は、「人の感情が基本的に、安心を求めるようにできている」ことです。自分が慣れ親しんだ場所にいる状態を、私たちの体は「安全」と解釈します。

ですので、大きな安心感を感じられる実績や変化には、私たちは満足します。ポイントは、安心感です。すごい実績を得られる未来があっても、そのせいで、何らかのリスクを負ったり慣れないことに直面したりしてしまう可能性があれば、たとえ結果的にはそれが人生にとって良いものであっても、最初は良い気分にはなれないでしょう。

とはいえ、自分のためになる行動をしたくなるよう、自らを訓練することができます。快適ゾーンを再構築することができれば、人は、自分が繰り返し行う行為を、もっとやりたいと切望するようになります。

何度もいいますが、慣れない最初の数回はたいてい、不快感が伴います。再構築の秘訣は、最初に感じるこの躊躇を書き換えられるようにすることです。**そうすれば、感情ではなく理論と理性によって人生を進められるようになります。**

感情が知っているのはただ、あなたが過去に何をしてきたかです。そして感情は過去に得た安心感に執着しています。

自分には価値がないと感じたとしても、絶対にそんなことはありません。希望がないと感じたとしても、絶対にそんなこともありません。みんなに嫌われていると感じたとしても、きっと大げさに受け止めているだけでしょう。みんなに批判されていると思ったとしても、単なる誤解です。

何よりも重要なのは、「行動なんて起こせない」と感じたとしても、必ずできるということです。慣れていないから「やりたい」と思わない、それだけです。

理論と、これから何をしたいかというビジョンを頼りに歩みを進めましょう。

これまでとは違う、もっと良い人生を経験できます。そう想像すると、穏やかでありながら刺激をもらえたような気分になります。

このバージョンの人生を手に入れるには、抵抗と不快感を乗り越えなければいけません。それがいかに自分にとって「正しい」行動であっても、始めのうちは良い気分にはなれないでしょう。

やりたいという気持ちになる前に、行動を起こすことが非常に大切です。行動を起こすことで、勢いができ、モチベーションが生まれます。

こうした感覚は、自然と湧いてくるものではありません。自分でつくらなければいけないのです。**自分に発破《はっぱ》をかけ、動かなければいけません。**自分を抑えつけるのではなく、人生を前に進めるような行動をしたくなるように、人生とエネルギーの方向性を定め直す必要があります。

第3章

感情を信じてはいけない

感情に向き合わないままだと慢性的な問題になる

自分がしてしまう自己破壊的行為は、自分とはどんな人物なのか、自分が人生に求め、必要としているのは何か、といった大切な真実を、これまでより深いレベルで教えてくれます。

そこから、自分が内に秘めているニーズは何か、そして本当に求めているのは何かをもっと理解し、それを軸足にして、本当の自分や人生の目的にぴったり合った生き方をすることができます。

あなたのネガティブな感情を引き起こす「トリガー」は、解決できていない痛みを自分がどこにため込んでいるかを教えてくれるだけではありません。実は、もっと深いものを見せてくれます。

このようなネガティブな感情の一つひとつには、メッセージがあります。ただ私たちは、それを知る方法を知りません。そのせいで、感情は人生全体を覆う慢性的な問題になってしまいます。

感情がくれるアドバイスを尊重して活用できず、私たちはその感情を体の中に閉じ込めてしまうのです。そして、その感情を再び呼び起こすような状況は、すべて避けようとします。こうして抑圧された感情が募っていき、そのせいで周囲の世界に対して過敏になります。

表面的には、感情的な反応を引き起こすモノが問題であるかのように思えますが、そうではないことを覚えていてください。問題は、自分の感情をどう扱っていいか分からない点であり、**そのために必要な感情処理のスキルを持ち合わせていない点です。**

あなたの「ネガティブな感情」は何によって引き起こされるのか

感情が何によって引き起こされ《トリガー》るかは人それぞれ違います。自分はどのような感情を抱くことが多いでしょうか？　その感情の背後には理由があります。

たとえば、怒りは「変化を求める気持ち」、悲しみには「失望」です。この、自分の感情を動かすトリガーを知れば、自分をより深く理解できます。

大切なのは、その感情を「克服」するだけでなく、**感情がその経験について何を伝えようとしているのかに、耳を傾けることです。**

怒りは自分が何を大切にしているか教えてくれる

怒りは、変革を起こす力を秘めた感情です。しかし、攻撃性のせいで誤解されており、そのため私たちは怒りに抵抗しようとしてしまいます。

腹を立てるのは健全なことです。怒りはまた、自分が何者か、何を大切にしているか、という重要な側面を見せてもくれます。たとえば、怒りは自分の境界線がどこかを示してくれます。また、自分が何に対して不当だと感じるのかを知る手助けもしてくれます。

結果的に、怒りは私たちが動き出すよう、働きかけてきます。**たいていは怒りがピークに達してから、私たちはやっと本当の意味で変わります。**

怒りは、ほかの誰かに向けるためのものではありません。それよりも、人生で変えるべきものを変える助けとなる、モチベーションの大きな力なのです。

怒りをそのように見られないとき、私たちは手元の問題を解決せずに、怒りを心の奥へと押し込んでしまいがちです。そのとき怒りは攻撃性へと変わり、**私たちはそのエネルギーを自分を変えるための推進力として使う代わりに、周囲の人にぶつけて八つ当たりしてしまうのです。**他人に対して怒っているときは気をつけましょう。大切なエネルギーをむだに使っています。

怒りは、自分の限界や優先事項をはっきりと知るために活用できます。また、自分自身そして周りの世界のために、大きくて重要な変化を起こすための助けとして使うこともできます。

悲しみのトリガーは「失望」

心から愛している何かを失ったときの反応として、悲しみは正常かつ正しいものです。

悲しみはたいてい、失望のあとにやってくる感情です。恋人や仕事を失ったときかもしれないし、あるいはもっと漠然と、自分の想像していた人生が手に入らないときかもしれません。

悲しみが問題になるのは唯一、この感情によって自然に湧き起こる気持ちを経験することを、自分に許してあげないときです。悲しみは、一気にやってくるものではありません。実際は波のようにやってきますが、**思いもよらないときに襲ってくる場合もあります。**

泣きたいとき、落ち込んだとき、失ったものを恋しく思うとき、恥だとか、ダメだなどと感じる必要はまったくありません。**むしろ適切なときに泣けるのは、精神的な強さの表れです。**なぜなら、苦しんでいる人は、感情を解放して弱い自分をさらけ出すことがなかなかできないからです。

「自分が迷惑をかけた」と感じる罪悪感は、「本当は誰のせいなのか」

罪悪感は、自分がしたことよりも、しなかったことに対して抱きがちです。**実際には、何かひどい罪を犯したわけではない人ほど、罪悪感に苛《さいな》まれるものです。**凶悪な行為をした人は、良心の呵責《かしゃく》をそこまで感じない傾向にあります。そのため、誰かに対して悪いことをしてしまったかも、と罪悪感を抱くことは、良い人であるとも言えます。

とはいえ、何かの行動に罪悪感を覚えているのなら、その感情は一体どの行動に対してなのか、自分の行動で自分のためにならなかったことは何だったのか、しっかりと見つめる必要があります。もし他者を不当に扱ったのであれば、それを認め、謝罪し、行動を正さなければいけません。しかしもし罪悪感がもっと漠然としたもので、何か具体的な出来事があるわけではないのなら、自分が「間違っている」とか「誰かに迷惑をかけた」といつも感じるのは一体誰あるいは何のせいなのか、しっかりと見極める必要があります。

罪悪感は多くの場合、子どもの頃から抱えてきた感情で、**自分が周囲に負担をかけているると感じたときに投影されます。**

ばつの悪さの背後には「恥」がある

ばつの悪さとは、「誇りに感じられる行動を取らなかった」と自覚しているときに抱く感情です。

ばつが悪いという感情を自分に誰よりも抱かせるのは、自分自身です。

今目の前にあるものにベストを尽くしている、と絶対の自信を持って言えるとき、ばつが悪くて恥ずかしいと感じることはなくなります。

もちろん、他人の意見のせいで、イヤな気持ちになることはあるでしょう。でも自分を受け入れ、自分という人物に誇りを持っていれば、そうした人からの最悪の批判でさえ、中和されてしまうのです。

「ばつが悪い」「恥ずかしい」という感情の影には、不名誉から来る感情である「恥」が存在します。ばつが悪いときに抱く自然な「恥ずかしい」という感情が「恥」に変わるとき、人間としての自分を徹底的にとがめ、自分は価値がなくて使えないやつだ、と思うようになります。

ばつが悪いという思いを放っておくと、もっと影のある感情に変わりがちですので、きちんと向き合いましょう。

自分が人生に本当は何を求めているかを知るには、「嫉妬」の奥を見つめる

嫉妬とは、別の感情を隠すための感情です。**怒りや批判として表現されますが、本当にそこにあるのは、悲しみや自己不満です。**

自分が人生で何を本当に求めているのかを知りたければ、誰に対して嫉妬を感じるかを見てみましょう。もちろん、その人が手にしているものとまったく同じものが欲しい、というわけではないかもしれません。**けれどあなたが味わっているその感情は、「あの人はあれを追いかけることができているのに、私にはできない」という怒りなのです。**

たとえばこうです。とても欲しいものがあるけれど、追いかけたい気持ちを我慢し

ているとします。それを手に入れている誰かを見たとき、私たちは、その人を非難せずにはいられなくなります。そうすれば、追いかけたいのに我慢している自分の行動を正当化できるからです。

自分が何を達成したいのかを自覚するために嫉妬を使うとき、自分が嫉妬することにより、本当にやりたいことをごまかすという自己破壊的行為をしていたことに気づき、真に取り組む心の準備ができるようになります。

憤りを抱くのは、本当は相手に失望しているとき

人に憤りを抱くのはたいてい、こちらが思い描いていた期待に相手が応えてくれなかったからです。

憤りはある意味、失望が投影されたようなものです。

自分の変わるべき点を示すのではなく、ほかの人が変わるべき点を主張したがります。でもその人たちには、私たちが彼らについて抱いているイメージに合わせる義務など、一切ありません。**むしろ唯一の問題は、あの人はこうあるべきだとか、私をこ**

う愛してくれるべきだなどと、非現実的な期待を抱いていることにあります。

他者は、「私」を完璧に愛するために存在しているわけではありません。彼らを――そして自分自身を――もっとうまく愛するにはどうすればいいのか、私たちに教えてくれるために存在しているのです。

人に対して抱く「こうあるべき」というイメージを手放せば、その人たちの人となりや、私たちの人生で彼らが担う役割を理解することができます。人がどう変わるべきかに焦点を当てる代わりに、自分はそこから何を学べるかに焦点を当てましょう。

後悔は「将来絶対やるべきことは何か」を教えている

嫉妬と同様に後悔もまた、「過去に本当は何をやりたかったか」ではなく、「将来的に絶対にやるべきことは何か」を教えてくれる感情です。

実際、ほとんどの人は、したことよりもしなかったことを後悔します。これは偶然ではありません。

後悔は、期待に応えられなかった自分を嫌な気持ちにさせるための感情ではないのです。今後は期待に応えよう、というモチベーションを与えてくれています。将来的にはどこを絶対に変えなければいけないのかや、死ぬまでにあなたが経験したいのは何かを示そうとしているのです。

若いうちに旅をしなかったことを後悔しているとします。

その場合、後悔は、今旅に出るべきだと言っています。

思うようなルックスになれなかったでしょうか？

後悔は、ではそのルックスになれるように頑張ってみるよう言っています。

誰かとつきあっているときに十分愛せなかったですか？

後悔は、今自分のまわりにいる人を大切にするよう言っています。

慢性的な恐れは、本当に怖いものから目を逸らしている

怖い思いがずっと浮かんでどうしても止められないときとは、目の前に実際の脅威が存在するから、というわけでは必ずしもありません。**多くの場合、心の傷《トラウマ》のせいで、体に備わっている対応機能が未熟だったり、妨げられたりしているのが原因です。**


恐怖ばかりが浮かんでくる状態のとき、恐れているものが何であれ、あなた特有の思考のプロセスが問題から問題へとついて回っています。

そこには「比喩」が潜んでいます。あなたの慢性的な恐怖に共通するのは、一体何でしょうか。

たとえば、恐れているのは究極的に「コントロールを失うこと」かもしれません。

あるいは、自分が積み重ねてきた何かを外部の力によって壊されてしまうことを恐れているのかもしれません。

いずれにせよ、慢性的に恐怖が湧いてくる場合、たいていは何かしらの潜在的な脅威から自分を守るために、エネルギーと意識をそちらに向けたくないのが原因です。心配したり、不安になったり、怒ったりしていれば、常にそればかり意識していられるので、本当に恐れているものが何なのか見ないですみます。そうすることで、自分に対するある程度のコントロールを維持できる、と私たちは思うのです。

恐怖はそもそも、それを心に抱き続けるというその行為によって、私たちを支配下においています。

恐れは今まさに、私たちの人生を妨害しています。

なぜなら、自分がコントロールできるありとあらゆるもの――人生を前に進めるための習慣、行動、振る舞いなど――にエネルギーを注ぐのではなく、**コントロールできないものにエネルギーを向けてしまっているからです。**

私たちが恐れているものは本当のところ、すでに起きてしまっていることの投影にすぎません。

慢性的な恐怖を本当の意味で克服する唯一の方法は、その恐怖を実際に経験することです。コントロールできないものと闘い、抵抗し、避ける代わりに、肩をすくめて、「起きてしまったらもうしかたがない」と言えるようになりましょう。

肩をすくめたり、笑い飛ばしたり、諦めたりして「まぁ、大丈夫でしょう」と言えるその瞬間に、私たちはすべてのパワーを取り戻します。

恐怖の火が燃え続ける原因は、自分が恐れている物事を受け入れてしまったら、最悪の事態になってしまうと思うからです。

でも実際は、コントロールできないことを恐れるのをやめるとき、そしてむしろネガティブで、注意力散漫で、根拠のない考えに焦点を当てることの方がずっと人生を破滅させていると理解するとき、私たちは完全に自由になれます。

心は、人生をよりよくしたいと思っている

今あなたが一番悩んでいる問題は、なにもあなたを拷問しようとしているわけではありません。**心が、人生の何を修正できるのか、変革できるのか、特定しようとしているのです。**

そのまま行動を起こさなければ、サイレンの音は大きくなる一方です。そして、自分を被害者だと思うようになります。

今の時代は、自分のことはすべて自分ですべきだと言われがちです。また、誰かの存在が必要だとか、認めてほしい、そばにいてほしいと願うのは、自分で自分の面倒を見られていない証拠だ、と言われてしまう時代でもあります。

でもそれでは、人間らしいとは言えません。しかも、人間性や人間のつながりの現実をかなり見落としています。

確かにたくさんの人が、安心感や自我を得るために、必要以上に互いに依存し合い、

他者に頼り切っています。

しかし逆方向に傾きすぎて、自分は何でも自力でできるから誰も何も必要ないと考えるのもまた、健全ではありません。これらは、「人を信用できない」と「関係を構築できない」という同じ傷からきています。

他者から認められたいと思うことは正当です。
ほかの人の存在を感じたいと思うことは正当です。
求められたいと思うことは正当です。
安心したいと思うことは正当です。

このような、人間にとって必要なことを大事に扱わなくなる理由は、多くの場合、自分は弱すぎて手にできない、と思うためです。私たちは子ども時代、生きるために、ほぼ他者に頼らざるを得なかったことから、こう考えます。

けれどこれは大人になるにつれて、役に立たなくなる考えです。ほかの人が完全に満たしてくれることなどないし、その人たちにとって満たす責任などないからです。

成長するにつれ、私たちは自分のことは自分ですることを学びます。むしろ、基本的に必要なことの土台を自力でなんとかすることは、人の成長で重要な部分となります。

同じように、必要なことのすべてを自力で満たすことなどできない、と悟ることも大切です。

人間は生まれつき、ほかの人やグループとのつながりを求めるようにできています。だからこそ、人間はコミュニティや家族に属するのです。これは人間の根本的で健全な部分であり、弱さの表れではありません。**その上、自分以外の誰かのために行動するとき、人は一番幸せな気分になります。**

また、経済的に安定したい、と思うことも健全です。必ずしも、強欲や邪念から生まれるわけではありません。

自分の仕事を認めてもらいたい、と思うことも健全です。必ずしも、虚栄心から来るものではありません。

すばらしい環境や地域に住みたい、と思うことも健全です。必ずしも、今手にしているものに感謝していないから生まれるのではありません。

きちんと「無意識」を見つめる

あなたが無意識のうちにしてしまう、自分のためにならない行為――自己破壊的行為には、驚くべき知恵が潜んでいます。自分のトラウマが何によって、どうできたかを教えてくれるのみならず、自分が本当に必要としているのは何かも教えてくれます。自己破壊的行為の一つひとつには、それを解放するための鍵が埋め込まれています。

無意識の心が、あなたがついやってしまう行動を通じて何を伝えようとしているのか、いくつか簡単な例を挙げてみましょう。

行動 あなたを傷つけた相手のもとに戻ってしまう（友人の可能性もありますが、たいていはかつての恋人です）。

潜在意識からのメッセージ **子どもの頃の人間関係を、詳しく見るべきときが来ました。**自分を傷つける人のどこかに居心地の良さや魅力を感じてしまうのなら、そこには理由があるはずです。

行動 特に何が嫌なわけでもないのに、不満を感じる。欲しいものはすべて手に入れたのに。

潜在意識からのメッセージ もしかしたらあなたは、**自分以外の何かに気分を良くしてもらえると思っているのではないでしょうか。**望んでいない成功が、本物の永続的な内なる平穏を与えてくれることはありません。

行動　人を遠ざけてしまう。

潜在意識からのメッセージ　みんなに愛されたい、受け入れられたいと強く思っています。その痛みから自分を遠ざけようとして、**「本当は避けたい現実」を逆につくり出しています。**あるいは、必要以上にひとりになりたい場合、人といるときは自分を偽っているから、というケースもよくあります。本当の自分にもっと忠実になれば、そこまで努力しなくてもよくなるため、もっと気楽に人と一緒にいられるようになります。

行動　思ったこと、感じたことが現実になると思い込む。

潜在意識からのメッセージ　いつも心地良く、安全でいたいと思っています。しかし、安全だといっても、何の脈略もなく湧き上がってくる考えや感情すべてを盲目的に信じると、それに振り回されてしまいます。常に明瞭で誠実で落ち着いた自分でいられるようになりましょう。何が自分の役に立つのか、立たないのかを心の中で選り分けられるようになる必要もあります。

行動 意思に反してジャンクフードばかり食べてしまう。

潜在意識からのメッセージ 多くのことを抱え込みすぎているか、自分にじゅうぶんな休息や栄養をあげていないのかもしれません。頑張りすぎているのです。だから、体が燃料を求め続けているのでしょう。

あるいは、感情面が渇望している可能性もあります。自分が心から求めている本物の経験を自分に与えていないので、その「飢え」を別の方法で満たしているのです。

行動 キャリアを前進させるために役立つと分かっている行動が取れない。

潜在意識からのメッセージ 自分が何をやりたいのか、思っているほどはっきりと分かっていないのかもしれません。どこかに引っかかり、流れるように物事が進まないのなら、そこには理由があります。無理やり前に進んで同じ壁に何度も繰り返しぶつかるのではなく、一歩下がってみましょう。
気持ちを整理し直したり、戦略を練り直したり、なぜ自分はその行動を取ろうとしているのか真剣に考えましょう。何かを変える必要がありますが、ただモチベーションを変えればすむというわけではなさそうです。

行動　働きすぎる。

潜在意識からのメッセージ　自分の価値を証明する必要があると思っています。しかし自分の感情と向き合う不快感から逃げるのをやめる必要はあります。**人が働きすぎるときとは、ほとんどの場合、自分の感情と向き合いたくないことが原因です。**情熱的に何かに取り組むのと、誰よりも良い成績を収めなければ、と思うのとは違います。

行動　ほかの人からどう思われるかを気にしすぎる。

潜在意識からのメッセージ　**自分が思っているほど幸せではないからです。**幸せであればあるほど、ほかの人に満足してもらう必要はなくなります。ほかの人は私を認めてくれるだろうか、と気にする代わりに、こう自問してみましょう。「私は私の人生を認められるだろうか？」。自分の人生を他者の目ではなく自分自身の目で見つめるとき、正直にどう感じますか？

行動　きちんとつきあおうとしない人ばかり引きつけてしまう。

潜在意識からのメッセージ　あなたを求めてくれる相手を見つけられないほど、あなたはダメな人間ではありません。**自分はきちんとつきあうにふさわしい人物だ、と自覚するようになったら、まさにそう扱ってくれるパートナーを選ぶようになる**でしょう。

行動 浪費してしまう。

潜在意識からのメッセージ モノを買うことで、新しい人生やアイデンティティを手に入れたいと思っています。常に浪費したり、自分の経済力で賄えないほどのお金を使ったりしてしまうなら、買うという行為が自分にとってどんな意味を持つのか、考えてみる必要があります。それは気を紛らわしているのでしょうか？ 趣味の代わり？ あるいは「新しい」という感覚に中毒になっているのでしょうか？ まずは、自分が本当は何を求めているのかを確かめるところから始めましょう。

行動 競争相手のような友人ばかり選んでしまう。

潜在意識からのメッセージ ほかの人よりも「上」でいたいという思いが根底にありますが、これは相手とつながりたいという思いの代わりにはなりません。実際に相手より優位に立ちたいからではなく、自分には価値があり、貴重な存在だと思ってもらいたいからです。私たちが本当に求めているのは、相手との真摯なつながりであり、ほかの人にとって大切な存在でいることです。相手に引け目を感じさせるのは、正しいやり方とは言えません。

行動 仕事で自分をアピールしない。

自分ができる最高の仕事をしていないことを、なんとなく自覚しているのでしょう。自分を抑えているのは、批判への恐れがあるからです。

潜在意識からのメッセージ

でもそんな恐れは、自分が自分を批判していなければ存在しません。**誇りをもってみんなに知ってもらいたいと思える何かをつくり上げる必要があります。**自分の仕事をみんなに知ってもらおうと心から自然と思えるとき、自分の能力と可能性を最大限に発揮した仕事ができたということです。

行動 誰かが、あなたを傷つけるためにわざとやったのじゃないかと思い込んだり、自分に関係ないことでも関係あるのではないかと不安になったりする。

潜在意識からのメッセージ

自分のことを考えすぎです。ほかの人の人生や考えは、あなたを中心に回っているわけではありません。あなたが自分のことで頭がいっぱいであるのと同じように、ほかの人も自分のことで頭がいっぱいです。車を運転中に誰かが割り込んで来るたびに、それを個人的な攻撃だと思っていたら、あなたは常に何らかの犠牲者になり、何もできなくなってしまいます。

行動　気づくとSNSを見ている。

潜在意識からのメッセージ

SNSはあまりにも簡単に手が出せて依存性も高いため、一番手っ取り早く感覚を麻痺させられる方法です。SNSと健全につきあうのと、対処メカニズムとして使うのとには、雲泥の違いがあります。たいていは、SNSを使い終わったときにどう感じるかで分かります。**スマートフォンを置いたときに、刺激をもらえたとかリラックスできたと感じないのであれば、恐らく、自分の中にある何らかの不快感を避けようとしてSNSを使っているのでしょう。**変わらなければいけないよ、と語りかけてくるまさにその不快感かもしれません。

もう一度耳を傾けてみる

もしも、間違った選択や行動をして、毎回「修正」するようなことをしたくなければ、自分の感情をリアルタイムで解釈し、処理する方法を学ぶ必要があります。

これは、心の知能指数（ＥＩ）を育てるプロセスを通じて行います。詳しくは次の章で取り上げますが、ここではまず、自分の直観に耳を傾ける方法を知りましょう。

「直観力」がある人は、未来を見通せる人

ここまで、自分の内側に耳を傾けて、感情の裏にあるものを見ることがいかに大切かをお話ししました。さらに、よりよく生きる上で「直観」を研ぎ澄ますことが大事だということをお伝えしたいと思います。

優秀なビジネスパーソンが仕事の判断を究極的には直観でする話や、人を見る目が

ある人も直観で判断をするなどと聞いたこともあるでしょう。こうした考えを信じるのも当然です。人の脳と体は相互に結びついていることを示す研究は数多くあり、理論よりも先に直観や本能で何かを感じたときに、それがなぜ正確であることが多いのかを説明しています。

ただ、直観は賢明ですが、超能力ではありません。

直観だと思ったら、単なる想像だったということもあります。違いは何なのでしょうか。

ここで覚えておいてほしいのは、「直観」は「今」のことしか分からないということです。その上、声が本当に小さいです。

あなたが今「直観」だと感じているのは、今目の前にいる人に対する反応ですか？
それとも、今目の前にいない人に抱いているイメージに対してですか？
今まさに展開している状況に対しての反応ですか？
それとも、ただの想像に対してですか？
あなたが抱いている感情は、今起きていることに対するものですか？

それとも将来的にこうなると期待したり恐れたりしているものですか？

直観は、「今」のことにしか機能できない上に、とても静かです。

大声で叫ぶようなことはしません。ですので、それをあなたが聞いてパニックを起こすことはありません。あなたの注意を引こうとして、アドレナリンを大量に体内に放出するようなこともありません。怒りもしませんし、不安がらせもしません。

お腹から湧き上がる本能のような直観は、物事をよくするための機能を果たします。一方で、単なる想像の場合、物事を悪化させる可能性もあります。

とはいえ、分かりにくい場合がほとんどです。どれが直観で、どれが恐れや疑念、あるいは自分で限界をつくっている強い思い込みなのでしょうか？

どうやったら違いが分かるのでしょうか？

ある人と一緒に過ごしたあとにぐったり疲れてしまったり、もう会いたくないと感じたりするなら、それは直観です。

もし仕事で疲労困憊してしまい、無理をしないと仕事に取りかかれず、仕事のあり

とあらゆるところがイヤならば、それは直観です。

直観は感情ではありません（今日は悲しい、という直観はありません）。**直観とは、考える間もなくすぐに危険から自分の身を離してくれるものです。**

感情は、正当な根拠があって湧いてくるものの、それが現実を正確に映し出すことではない、と覚えておいてください。

ただし、現実を映し出しはしないものの、**私たちの思考を常に正確に映し出しているものではあります。**

しかし思考は、本能的な直観を変化させることはありません。あなたが自然と引き寄せられるもの、あるいは離れるものは、本能的な直観です。感じたり、解釈したりするものではありません。自然としてしまうものなのです。

本能的な直観を活用して最高の人生を生きよう、と人が言うとき、その意味するところはつまり、かすかな直観が教えてくれる、自分が一番得意だと思うものに従うということです。

ときに、あなたの本能的な直観が、芸術へとあなたを向かわせることもあります。たとえそれが、あなたにとって不快で抵抗を感じるものであってもです。

直観はときに、ある人との関係を修復する努力を続けるよう働きかけてくることもあります。たとえそれが、難しくてもです。

本能的な直観は、1日24時間、あなたが常に快適で有頂天に過ごせるように存在するわけではありません。あなたの関心、スキル、欲求がどこで交わるのかを示し、本来やるべきことに向けて、あなたを突き動かしてくれるために存在しているのです。

感情を信じてはいけない

「自分の直観を信じる」とは、直観を「予言のように信じる」という意味ではありません。予言として信じてしまうと、湧き上がってきた感情も、ただ盲目的に信じるのみならず、そこに将来重要なものだという意味づけをするようになります。自分が抱く感情はすべて、将来起きることの警告だとか、これから何かが起きるかの前触れだと決めつけてしまうのです。

繰り返しになりますが、感情は、選択すべき正しい決断を教えてくれることはありません。

正しい決断があるからこそ、正しい感情を生み出せるのです。

感情を信じてはいけません。それは、あなたの人生をずっと導いてくれる存在ではありません。**人生を導くのは、知性です。**

もし湧いてくる衝動すべてに従ってしまったら、まったく身動きが取れなくなったり、独りよがりになったりしかねません。さらには、危険なトラブルに巻き込まれてしまうかもしれないし、命を落としてしまう危険性すらあります。

今そうなっていない理由は、あなたの脳が介入してきて、長期的な視点で何を経験したらいいかを、教えてくれているからです。

明確さ、落ち着き、健康、目的意識を促す行動を毎日繰り返す習慣をつくることができたとき、平穏と喜びの感情を味わうようになります。この逆はありません。

自分の人生を思うとおりに生きたいなら、感情を整理する方法を学ばなくてはいけません。感情に気づくことができれば、その感情を生んだ原因が何だったか特定できるようになります。

特定したら、それが実際に脅威や懸念なのか、それとも自分の爬虫類脳が、なんと

か生き延びようとでっち上げたウソなのか、判断することができます。

覚えておいてください。あなたの脳は、自然の中で生きるようにつくられています。体は、野生の中で生き延びるようにできています。あなたは、非常に文明化された現代社会でなんとか生き延びようとしている動物なのです。動物的な衝動を抱いてしまうことはしょうがありません。

そして、自分の選択は、自分の自由にできることを覚えておきましょう。**何かを感じても、行動に移さないという選択肢もあるのです。**

感情を「正しい」ものだと信じてしまうことは、逃避の一種

恐怖や記憶をもとにした反応は、未来に投影できますが、直観は未来の出来事は分かりません。何度も言う通り、超能力ではないからです。ほかの誰かのことや未来の出来事は、目の前に存在するそのときまで、直観的に知ることなどできません。

誰かに関して直観で何かを感じるとしたら、それは相手とやりとりしたあとです。

ある仕事が自分に合うか否かが分かるのは、しばらくその仕事をやってからです。

考えればあたりまえですね。直観とは、占いではありません。それなのに、そう扱ってしまうのは未来の不安を回避しようと、脳が創造力を駆使して巧みに体をコントロールしている逃げの考えです。

とはいえ、実際にはそううまくはいきません。湧き上がってきた感情はあまりにも強く、どれが本当の反応でどれが予想なのかを見極めずに文字どおりすべてを信用してしまい、身動きが取れなくなってしまうのです。

直観と感情の違いを見極める

今この瞬間にあなたのために大きく動いてくれるのは直観です。あることについて一番初めにした反応が一番賢明だった、ということはよくあります。というのも、何かについて、あなたの体は脳よりも早く、無意識下にずっとためてきた情報をすべて使って教えてくれるからです。

これを有効活用するには、今この瞬間に意識を向け、**今ここでの「真実」は何かと自問することです。**

ほかの人と一緒にいるとき、一緒に行動しているとき、何が「真実」ですか？

今この瞬間に何かに取り組んでいるとき、深いところから湧いてくる直観は何ですか？

ただ想像しているとき、予測しているとき、詳しく思い出しているとき、あるいは未来を想像しているときに思ったり感じたりすることと、何か違いはありますか？

予想は恐れであり、今この瞬間への反応は純粋な直観です。

純粋な直観は、あなたを怖がらせてパニックに陥れるようなことはしません。たとえ何かがあなたには合わないと伝えてくるときでさえ、常に繊細でやさしいのです。**もし直観が、誰かと会うべきではないとか、誰かとつきあうべきではない、特定の行動をすべきではないと伝えようとしてきても、その勢いは静かです。**だからこそ、直観は内なる「小さな声」と呼ばれています。見逃すのはあまりにも簡単です。簡単にほかの声でかき消されてしまいます。

直観と感情の違いの見分け方

心の声に耳を傾け始めると、有益で直観的な考えと、有害で出しゃばりな考えとの違いを見分けるのが難しいと感じることがあるかもしれません。どちらも、何かに反応してその場で湧き上がってくる声だからです。

しかし実際このふたつの機能は、まったく正反対です。

直観からくる思考と恐れからくる思考との違いは、次の表のように見極めましょう。

直観的な思考	出しゃばりな思考
落ち着いている	興奮しており、恐れを引き起こす
理性的で、つじつまが合っている	筋が通っておらず、たいていは誇大表現だったり、最悪の結論に飛びついたりしている
静か	声高
一度あるいは二度やって来て、理解が深まったという感覚を与える	しつこく何度もやって来て、パニックを起こさせる
聞きたくない言葉を伝えてくるときでも、パニックを引き起こすようなことはしない	聞きたくない言葉を伝え、パニックを引き起こす
ほかの可能性に向けてあなたの心を開く	あなたの心を閉じ、身動きが取れないとか、非難されたという気持ちにさせる
最高の自分の視点から来る	恐怖に怯えたちっぽけな自分から来る
問題を解決してくれる	問題をつくり出す
あなたがほかの人を手助けできるように力を貸してくれる	「私」対「敵」という考え方をつくりがち
自分の考えや感情を理解するのに手を貸してくれる	他人の考えや感情を決めつける
理にかなっている	合理的ではない
あなたの奥深いところからやって来て、「腹に落ちる」感覚を与えてくれる	頭で考えるばかりになりパニックになる
どう反応すべきかを示してくれる	反応するよう急き立てる

いかに自分の感情を感じるか

「セルフケア」、よく聞く言葉です。しかし、これは今抱えている問題を解決するためというより、本当の問題から目を逸らすための行為になっています。本当のセルフケアとは、自分のニーズを満たすということです。

あなたのニーズとは、基本的な安全は大前提として、栄養を摂ること、十分な睡眠を取ること、清潔な環境で暮らすこと、適切な服装をすること、そして批判されたり抑圧されたりすることなく、自分の感情を感じることが許されることです。

これらを自力で満たせることは、自己破壊的な行動を克服する際の基礎となります。

しっかりとした睡眠が取れていれば、エクササイズをもっとやる気になるでしょう。腰痛のため姿勢の矯正や整体、マッサージの専門家に相談しなければならない状態でなければ、仕事にもっと前向きになれるはずです。

自宅がもっと整理整頓されて有意義な空間であれば、家の時間ももっと楽しめるようになります。

自分をケアする時間を取れば、毎日もっと自分を前向きに捉えられるようになるでしょう。

これらは些細なことではなく、むしろ重要です。でも毎日のことなので、その影響が見えないのです。

自力で満たせるニーズは満たし、満たせないものについてはほかの人に手助けしてもらうことで、自己破壊のサイクルを壊し、もっと健全でバランスの取れた、満ち足りた人生を構築できるようになります。

第4章

心の知能指数が高いとは、本当の感情を理解していること

心の知能指数を鍛えよう

自己破壊的行為とは究極的には、心の知能指数（ＥＩ）の低さから来ます。

安定した生き方をするには、脳と体がいかに協力し合うかを理解しなければいけません。

感情をどう解釈するか、強い感情にはどのような意味があるのか、さらには、どう対処していいか分からないほど強烈な感情を抱いたときに何をすべきか、理解する必要があるのです。

ＥＩについては世界中の専門家がかなり研究を進めており、その数は増え続けています。ここでは特に、自己破壊的行為に関連したＥＩの面に焦点を当てていきましょう。

心の知能指数とは、結局自分の本当の感情を理解する能力のこと

心の知能指数が高い人は、さまざまなタイプの人とうまくやっていくことができ、毎日の生活にも満足度が高く、**自分の正直な感情を処理、表現するための時間を常にきちんと取っています。**

心の知能指数とは主に、体の中に湧き上がってくる感覚を解釈し、その感覚が人生について何を教えようとしているのか理解する能力のことです。

自己破壊的行為の根っこには、心の知能指数の欠如があります。自分を理解する能力がなければ、当然ながら方向性を見失ってしまうからです。

脳は、本当に求めるものに抵抗するようにできている

本当に欲しいものを手に入れたとき、人間の脳の中では、非常に興味深いことが起こります。

目標を一度達成したら、私たちはあとは「惰性」で進むことができると思います。「惰性」とはつまり、掴んでいた手をそこで放すことができる、リラックスして生きることができる、しばらく何もしなくてすむ、ということです。

でも、実際はそうはなりません。

神経学的に見ると、人は心底欲しいと思うものを手に入れると、欲しい気持ちがさらに強まります。これまでは、欲求、情欲、取得を駆り立てる力の背後には、化学物質のドーパミンがあると考えられていました。しかしドーパミンの性質に関する新たな研究により、実際はもっと複雑であることが分かっています。

『もっと！　愛と創造、支配と進歩をもたらすドーパミンの最新脳科学』（インター

シフト刊）の中でダニエル・Z・リーバーマンは、ドーパミンを研究している専門家が発見したこととして、**人が手に入れたいと強く思うものに出会って急増したドーパミンは、それを手に入れると減少する、と説明しています。**どうやらドーパミンは、私たちに快感を与えてくれる化学物質ではなく、もっと欲しがらせる化学物質なのです。[*6]

では、今あなたが取り組んでいる壮大な目標についてはどうでしょうか？　きっとたどり着けるはずです。そしてたどり着いたその先には、登るべき別の山が待っていることでしょう。

本気で欲しいと思うものが手に入らないよう、自ら妨害してしまう理由はたくさんありますが、これがそのひとつです。「到達」しても、人生をラクに生きられるようにはならないと、直感で分かっているのです。もっと手に入れたいとさらに渇望することになるだけでしょう。**そして、そんな挑戦を受けて立つ気になれないときもあるのです。**その先を考えて、気が遠くなってしまいます。

かくして、手に入れようとする道のりの中で、複数の神経学的バイアスが有害に混ざり合い、積もり積もって、何よりも手に入れたいはずのものに対して私たちは憤り、批判し、けなすようにさえもなってしまいます。

そして、努力に抵抗してしまうのです。それが手に入らなかったら、と考えるとあまりにも怖いため、ちょっとでも失敗しようものなら、今までの努力を手放して緊張してしまいます。


本当に欲しいものが手に入らない状態が長く続くと、すでに手に入れているほかの人を批判するようになります。そのため、それを「持っている人」を無意識のうちに「悪い」ことと関連づけるようになります。

私たちは、「欲しい」という心の状態にがんじがらめになってしまい、「手に入れた」心の状態にシフトできません。

「人生をがらりと変えてくれる」ものは存在しない

そもそも、何かをとにかく何が何でも手に入れたい、と思うとき、非現実的な期待を抱いていることが多いものです。自分の人生をガラリと変えてくれる、と想像しているのです。とはいえたいてい、そうなることはありません。
非現実的な形で自分を「救ってくれる」ものとして、人生の変化や目標をあてにしていると、少しでも失敗しようものならすぐに努力をやめてしまいます。
たとえば、恋人さえいれば、今のうつうつとした気分が晴れるはずだと思い込んでいる場合、ふられることに対して極度に敏感になります。ふられてしまったら、このうつうつとした気持ちから絶対に抜け出せない、と感じてしまうからです。

当然ながら、成功するにはまず、失敗しなくてはいけません。

たとえば恋人など、手に入れたいものが手に入らない状態では、自己を防衛するために、脳はその状態をずっと正当化しなければいけなくなります。だからこそ、自分が欲しいものをすでに手に入れているほかの誰かのことを、無意識のうちに悪く言ってしまうのです。そして、人の幸せに嫉妬して、「幸せなフリをしているに違いない」「本物の愛じゃない」「いずれ別れる」などと決めつけてしまうのです。

こうした信念をずっと抱き続けると、欲しかった恋人がやっとできたとき、何が起きると思いますか？　もちろん、自分はいずれ別れると思い込んでしまうでしょう。

周りの人を遠ざけたり、大きな夢を追いかけていても困難にぶつかるとすぐに諦めたりするのも、同じ理由です。**何かを失うことをあまりにも恐れていると、自衛本能としてまずは自分から遠ざけてしまうのです。**

では仮に、心から求めていた何かがやっと手に入ったとします。するとあなたは次に、新しいチャレンジに取り掛かることになります。今までより豊かな、輝くための「繁栄モード」にシフトできるようになったらどうでしょうか。

もし人生のほとんどを「ぎりぎり」の状態で生きてきたのであれば、リラックスして楽しむ人生が訪れたら、抵抗し、罪悪感を抱くでしょう。浪費してしまったり、自分が負うべき責任を無視したりしてしまうかもしれません。

脳には、もっといいモノをたくさん手に入れたい、と求める傾向があります。それを知っておけば、自分の人生をきちんとコントロールできるようになります。

つまり、欲しがる脳を置いておいて、楽しむことも大切です。「欲しい」という思いにがんじがらめになっていると、「手に入った」という経験にはなかなか適応できません。

無意識は、いつもラクをしようとする

あなたの脳は、あなたの人生を強化し、コントロールするためにできています。

無意識には恒常性衝動と呼ばれるものがあり、体温や鼓動、呼吸などの機能を制御しています。著名なビジネス・コンサルタントのブライアン・トレーシーは、こう説明しています。「体全体がほぼいつでも完全な調和の中で機能できるように、（恒常性衝動は）自律神経系を通じて、何十億個という細胞の中にある数百に上る化学物質のバランスを保っています[★7]」

このように脳は、体の状態が常に同じであるようにコントロールしていますが、精神面さえもコントロールしようとすることは、あまり知られていません。心は常に、さまざまな情報や刺激をフィルターにかけ、自分の信念と合致するものだけに意識が向くようにしたり（心理学で確証バイアスとして知られています）、過去に自分がしたことに似た、あるいはそれを反映した考えや衝動を繰り返し見せてきたりします。

無意識は、快適さの門番です。

何度も言うように、人生で癒しや変化を経験しているとき、新しい日常の感覚に体を慣らす必要があります。だからこそ、変化はどれだけ前向きなものであれ、慣れるまでは居心地悪く感じてしまいます。

頭脳を使って、優れた判断を下す必要があります。最高の知性を使って、自分がどこへ向かいたいのか、何者になりたいのかを決め、時間をかけて体を慣らさなければいけません。ラクをしたいという無意識には、反抗をすべきなのです。

変化はがらりと起こるものではなく、マイクロシフトで起きる

人生が何も変わらないと感じているのなら、それは恐らく、大変革が起きるのを待っているからでしょう。つまり、恐怖がすべて消え去り、何もかもがはっきり見えるようになるブレークスルーの瞬間です。そこでは、努力せずに何かが起こります。目覚めるとまったく新しい存在に生まれ変わっています。

でも、そんな瞬間などやってきません。

ブレークスルーは、あるとき突然起きるものではありません。心の片隅にずっと隠れていたアイデアにあなたがやっと目を向け、ようやくそのことで頭がいっぱいになるときに、変化が表れます。それは、カチッと音が鳴るような瞬間で、これまで人生でずっと聞かされてきたアドバイスがやっと腑に落ちる瞬間です。

人生は、目が覚めるようなブレークスルーがたった1回起きるから変わるわけではありません。**小さな変化「マイクロシフト」が変えるのです。**

ブレークスルーとは、ありきたりで単調な一つの作業を、何時間も、何日も、何年もずっと続けてきた結果として起こります。著述家でありメディア戦略家でもあるライアン・ホリデイが指摘するように、天から下りてきたひらめきが人生を変えてくれるわけではありません。[*8]

大切なのは、日々の生活の中で積み重ねていく小さな変化です。マイクロシフトとは、1回の食事の一部を1度だけ変えるようなこと。そしてそれを、2度、3度と続けていくことです。気づかないうちに、新しい行動パターンが身についているはずです。

毎日の行動は、人生の質と成功の度合いを決定します。努力していると「感じる」か否かではなく、とにかく実際に努力するか否かなのです。

人生でどのような結果が出るかは、情熱によって決まるわけではありません。原則によって決まります。

今朝自分が取った行動がそこまで重要だったとは、思わないかもしれません。でも、重要だったのです。そんな小さなことに意味があるとは、思わないかもしれません。でも、意味があるのです。

大きな変化を一気にすることが難しいのは、人間が欠陥のある無能な存在だからではありません。人間が快適ゾーンの外で暮らすようにはできていないからです。

人生を変えたいなら、ほとんど気づかないような小さな決意を、それが習慣になるまでいついかなるときも毎日、していく必要があります。そうすれば、ある日それがカチリと身につくときがくるのです。

スマートフォンをいじる時間を減らしたいなら、スマホをチェックする機会があったときに、今日は1度だけ我慢してみてください。

もっと健康的な食事を取り入れたいなら、今日はコップ半分の水を飲んでみます。睡眠時間をもっと長く取りたいなら、今夜は昨日より10分早く布団に入りましょう。

もっとエクササイズしたいなら、10分でいいから今すぐ動きましょう。

読書したいなら、1ページでいいから読みましょう。
瞑想がしたいなら、30秒でいいからやりましょう。

「変化」とは、本能的には危険で生命を脅かす可能性のある何かを意味します。私たちがそれを恐れて自ら檻をつくり上げ、その中に留まろうとしてしまうのも納得です。扉に鍵はかかっていないのに。

自分にショックを与えて、その勢いで新しい人生を始める方法に効果はありません。

変化するには、変えたい気分になるまで待つ必要はありません。必要なのはただ、少しずつやりたいことを行い、あとはエネルギーと勢いがつくのに任せることです。

だれかの人生の助手席に座ってしまった人が問題を抱える

私たちは、自分ではコントロールできない脅威の中でも、もっとも起こりそうにない、、、、、、と心が判断する脅威を一番恐れています。もし起こりそうな脅威であれば、恐れるのではなくすぐ対処します。起きる可能性がほとんどないようなちょっとした何かを見つけたときに、不安になるのです。

ではなぜ、人間の心は不安を探してしまうのでしょうか？
人間の心は、逆境を必要としています。だからこそ、たとえ目の前に本当の問題などなかったとしても、本能的に問題をつくり出し続けてしまうのです。

人間の心には、反脆弱性と呼ばれる性質があります。これは、逆境に直面すると強くなる性質です。圧力がかかるとダイヤモンドになる炭素のように、あるいは繰り返し細菌に触れることで強くなる免疫系のように、心は、難題という形での刺激を必要としているのです。

人生に起きる本物の難題をどれも否定し拒絶したときには、脳は埋め合わせをしようと、乗り越えるべき問題を自らつくり出します。ただしこの場合、人生にとってあまり意味のある問題にはなりません。ただの時間の浪費です。

私たちは、心を乱すあらゆるものから身を守りつつ、幸せを追いかけようとします。また、人生は本来「良い」もので、直面する難題は何であれ運命のいたずらだという考え方をします。

しかしこうした執着や考えは、私たちを精神的に弱くさせます。あらゆる逆境から心を庇っていると、不安やパニック、カオスに対し脆弱になってしまうのです。

問題の原因は、たいてい自分の存在を自力で表現する力を手放してしまったことが原因です。**人生は自分の行動によってつくるのではなく、助手席に移って放っておいたら勝手に展開していくものだと考えてしまったことです。**

この状態で、不安にならない人なんていません。

しかし、逆境は人をクリエイティブにします。通常は影を潜めている部分を、逆境が活性化するのです。

どんなつらいときも、人間は何かを乗り越えたがる

逆境のおかげで、物事が興味深くなります。人間には、何かを乗り越えたがる傾向があるのです。

何よりも大切なのは、人生の中で自分がコントロールできる部分に取り組み続けることです。よく考えてみれば、ほとんどの問題が当てはまります。反脆弱な物事は、緊張、抵抗、逆境、痛みがあって初めて、それを乗り越えて変化を起こすことができます。そのためには、自分の感情を恐れて外野に座って見ているのではなく、人生に深く関わることです。

外野でい続けることはできません。自分でも本当はそこにいたくはないはずです。あなたがすべきことは、不屈の精神を受け入れることです。

変化には、慣れるためのショックが伴う

人生については誰も教えてくれませんが、その中で恐らく一番分かりにくいのは、人生にポジティブな変化が起きても、すぐには幸せを味わえないかもしれない、という点です。

繰り返しますが、人の心は新しいものは、たとえ良いものであっても慣れるまでは居心地悪く感じます。そして人の脳は、慣れ親しんだものなら何でも、良くて快適だと受けとめます。たとえその行動、習慣、人間関係が、実際には有害で破滅的だったとしてもです。

人生で本当におめでたいライフイベントがあっても、うつの症状を引き起こす可能性があります。これにはいくつか理由があります。

第一に、おめでたい出来事のおかげで気分や心境が急激に上がったあと、それが下がるとストレスが募る可能性があります。

第二に、おめでたい出来事があらゆるストレスを消し去ってくれ、これまでにないほどの幸せを味わわせてくれる、という期待は、破滅をもたらします。なぜなら、すべてのストレスを消し去ったり、最高の幸せが味わえたりする出来事など、ほとんどないからです。

結婚式、出産、転職がものすごいストレスになり得るのはそのためです。人生が大きく変わることに加えて、「間違いなくポジティブな出来事であり、不安や緊張はなくなるはずだ」という暗黙の決めつけもあるからです。

でも、実際に体験してみて実はそんなことはない、と知ると動揺してしまうものです。

結局のところ、それがどれほど前向きなものであれ、あらゆる成功、成果、人生の転機は、変化を起こし、その変化はストレスを引き起こします。

すでに不安やうつの傾向にある人はとりわけ、変化によるストレスを感じやすくなります。不安やうつの傾向がある人が、必要以上にこだわりが強いとか、柔軟性に欠けるように見えるのはそのためです。

自分が選ばなかった人生の方がよかったということはない

ここでひとつ、あなたの人生の可能性の邪魔をする奇妙な考えのことを知りましょう。私はそれを「サイキック思考」と呼んでいます。それは、あなたが自然としている思い込みのことで、これを「認知バイアス」と呼ぶ人もいます。サイキック思考とは、「ある人が何を考えているか、何をしようとしているか、私には分かっている」と決めつけることです。

「強い何かを感じる」という理由で、起きる可能性が一番高いと決めつけたことはないでしょうか？

たとえば、自分が選ばなかった「別の人生」が存在しており、そこで得られたはずのチャンスを逃してしまったとか、そちらの人生の方がもっと自分に合っていたかもしれない、と信じ込むことでもあります。また、もっとも強くビビッと感じた人こそ、もっとも理想的な人生の伴侶だと信じることもあります。これは「赤い糸」のようなものを信じ込むことです。

まるで手相やエネルギーを見て将来を占ってくれる、看板を掲げた神秘的なプロの占い師のようですが、サイキック思考は、もっと陰湿です。

だれが何を考え、感じ、どんな意図を持っているかは、私たちには、まったくとまでいかなくてもほとんど分かりません。

自分が選ばなかった「別の人生」なんて存在せず、あるのはただ、もしほかの人生だったら、という現実離れした願望です。**ビビッと感じるのは、運命の人だからではありません。**

サイキック思考があると、私たちは現実から引き離されてしまいます。感情はたいてい不正確で頼りにならないうえ、自分が信じたいものに完全にバイアスがかかっています。

サイキック思考は単に不都合なだけでなく、メンタルヘルスにとってもかなり恐ろしいものです。不安と気分の落ち込みを生み出します。

単に怖がらせたり動揺させたりするだけではありません。私たちは、サイキック思考が現実だと思い込むだけでなく、将来的な出来事の予言だと信じてしまいます。サイキック思考のせいで、「ツイていない日」ではなく「ツイていない人生」だと思い込んでしまうのです。

確かに、1950年代や1960年代に流行ったポピュラー心理学のせいで、サイキック思考は総じて、まったく新しい受け取られ方をするようになりました。こうしたポピュラー心理学の権威者は、「自分を信じましょう」「心の奥底では、あなたは真実を知っています」と言うのです。

そして、湧き上がってきた感情がすべて本物だと思い込み、それどころか未来の予言だとさえ思ってしまい、身動きが取れなくなったり、視界が狭くなったりするのです。

サイキック思考とは、「認知バイアス」がいくつも重なったものにすぎません。そうしたバイアスは主に、次のようなものがあります。

【確証バイアス】

あなたの脳はいつも、おびただしい数の刺激を受けています。これにいちいち対処していられないので、顕在意識は本来の刺激の1割も認識していません。しかし、潜在意識はそれでも注意を向け続け、いつか必要になるかもしれない情報を記録し続けます。

顕在意識が認識する1割とは、「私たちが何を信じているか」によって決まります。脳は、自分がすでに持っている考え方にそぐわない情報をフィルターにかけて排除し、考えに合った情報に注意を向けるべく働いています。つまり私たちは、**自分が好きな考えに沿うような出来事をいつも探しており、それを認識するという「確証バイアス」の影響下にあるということです。**

【外挿《がいそう》バイアス】

外挿バイアスとは、現在の状況を将来に投影することです。簡単にいうと「今解決しない問題は、未来も絶対に解決しない」と思いこむことです。

外挿バイアスのせいで私たちは、自分が過去と現在の経験の総和であり、今経験しているストレスや不安とは、今後もずっとつきあい続けなくてはならない、と思い込みます。**手元にある問題の本質をよく考えず、絶対に解決しないと思うのです。**残念ながら、このバイアスがあることで、これが本当に実現してしまう可能性もあります。問題を解決できない、とすぐに打ちのめされて疲労困憊してしまい、理論的に解決しようとせずに、必要以上の時間をかける可能性が大きくなるからです。

【スポットライト効果】

誰だって、地球は自分中心に回っていると思っています。みんな自分自身や自分の利益について、来る日も来る日も1日中考えています。誰もあなたのことをそこまで気にしていないとはなかなか思えないものです。

スポットライト効果とは、たとえば、過去に自分がした恥ずかしい出来事をいくつか思い出し、きっとほかの人もずっと覚えているに違いない、と思うことです。でもあなた自身、ほかの誰かがした恥ずかしい行動をいくつか思い出せますか？　もちろんできませんよね。そこまで注意を払っていなかったでしょう。

スポットライト効果のせいで私たちは、世の中で起きることはすべて常に自分に関係している、という間違った考えを抱きます。本当は自分に関係などないのに。

このようなバイアスを含むサイキック思考、つまり世間に対する自分の思い込みや感情が現実になるという考えは、たいていは間違っています。

このあと何が起きるかを予測しようとする代わりに、まずは、今取り組んでいることをうまくこなせるようにしましょう。それが、あなたの人生を本当に変えることになります。

人生が不安なのは推論が欠落しているから

人生の不安のほとんどは、批判的思考（クリティカル・シンキング）のスキルが未熟であるからです。何かが気がかりなとき、自分は「心配性」だ、と思うかもしれません。しかし考えなさすぎるのが、本当のところです。**推論のプロセスが抜け落ちているのです。**

不安は、人生のどこかで誰もが感じるよくある感情です。一般的には、ストレスや緊張、恐怖でいっぱいの状況のときに感じます。不安が慢性的で日常生活に支障を来すようになると、不安障害という疾患になります。

心の健康に関して、体の健康と同じくらい大事だと捉えることがまずは大切です。とはいえ、もし誰かがいつも足首を捻挫していると、一体いつも何につまずいているのだろう、と疑問に思うものです。同様に、多くの不安もまた、その人の環境に原因があるケースが多くあります。**具体的には不安は、急にストレスがかかるようになっ**

た現在進行形の状況を処理できないために起こりがちです。

治したければ、今の状況を処理する方法を学ぶ必要があります。

これは、不安障害という診断がついた人のみならず、すべての人に言えます。

不安の特徴のひとつに、早急に結論を出す点があります。

不安なときは、自分が悩んでいることにかなり長い時間をかけて意識を集中しているため、問題を徹底的に考え、適切な結論にたどり着いたと思いがちです。

ところが、感情的になるばかりではっきりと考えていないために、「最悪の事態」が起きるという結論に飛びつきます。

そして最悪の事態が怖いので、「闘争・逃走反応」（戦うか逃げるか、とっさにする生理反応）の姿勢を取るのです。追い込まれているので、体は「防御モード」になります。防御モードとは、「敵」を強く意識している状態です。これでは心はどんなときも休まらず、つらいのはあたりまえです。

理論の欠落とは？

ほかの人は怖いと感じるかもしれないものの、あなた自身は怖いとは思わないものを考えてみてください。

なぜあなたは、それを怖いと思わないのでしょうか？　理由は、あなたにとって理論の欠落がないからです。

なにかが起きたとき、最悪の事態になったとして、そのシナリオの導入部分、ヤマ場、エンディングに至るまで全体でどんな状況になるか、想像してみてください。

不安すぎる人は、ヤマ場がエンディングになってしまいます。ある状況を想像して、自分はきっとパニックになるだろうと考え、怖いのでその先のシナリオを考えないのです。どうやってそこを切り抜けるか、どう反応するか考えません。考えられるのであれば、怖いと感じていないはずです。この出来事があなたを「終わらせる」力があるとは思っていないわけですから。

自分が恐怖することに実際に触れる「エクスポージャー」（暴露療法）という治療

法があります。これは、根拠のない恐怖に対して使われるもっとも一般的な治療法です。ストレスの要因を安全に人生に取り込むことで、より健全で落ち着いた考え方を再構築できるようになります。言ってみれば、何か怖いことが起きても大丈夫、と自分に証明するようなものです（たいていは、怖いこと自体起きません）。

いずれにせよ、心の強さとは、悪いことが何も起きないよう願うことではありません。**もしも悪いことが起きても、対処する力が自分にはある、と確信することです。**

もしかしたらあなたは、そんな信頼を自分に寄せていないかもしれません。**自分への信頼は生まれながらに持っているものではなく、時間をかけてゆっくりと構築していくものだからです。**小さな問題を見つめ、健全な対処メカニズムと効果的な推論スキルを学ぶことで伸ばしていきましょう。

実際のところ、人生に降りかかってくるかもしれない恐ろしいことは、数えきれないほどあります。誰にとってもそうです。そして、たったひとつの恐ろしいことに気を取られてしまう理由は、**対処できる自信がないからです。**

人生最大の不安は多くの場合、実際に起きていることそのものではなく、起きていることを自分がどう思うかから来ています。これを理解することで、感情的な自由と強さを取り戻すことができます。

知能指数が高い人がいつも不安な理由

体型のタイプに詳しい人なら、肥満型（内胚葉型）、がっちり型（中胚葉型）、痩せ型（外胚葉型）という言葉を聞いたことがあるのではないでしょうか。誰もが、この3タイプの範囲のどこかにいます（つまり、誰もがそれぞれの型にある程度当てはまるということです）。一般的には、あなたの初期設定となっている特徴が、あなたの主な体型タイプとなります[★9]。

体型タイプを学んだことがある人は、肥満型はたいてい、脂肪を多くため込むとされるのをご存じでしょう。肥満型の人は、一番代謝が悪いと思われがちですが、それは間違いです。本当は、彼らの代謝は、3つの体型タイプの中で最善の代謝です。肥満型の人たちが現代に生きているのは、彼らの先祖が生き残るために適応したからです。つまり、後々使えるように脂肪をため込んだということです。

強い不安感を抱いてしまう、知的能力が高い人にも似たことが言えます。知的能力が高い人なら、根拠のない恐怖など理論で断ち切ることができるはずだ、と思うものでしょう（一般的に不安は、理論の欠落や適切に推論できないことが原因です）。そんな人の脳は、すべきことをきちんと行っています。つまり、関連性のないことをつなぎ合わせて、脅威の可能性を見つけ出そうとしているのです。

知的能力が高い人は、ほかの人にはない心理的な機能――「推論する能力」を持っています。普通の人なら目に見えるそのままを受け取るところを、知的な人はそこから意味や理解を推論します。だからこそ、**知能指数（IQ）が非常に高い人は、対人スキルや車の運転といった、基本的な物事に苦労してしまうのです。**

ほかの人が平面的に捉えている世の中を、知的な人は立体的に捉えます。多くの場合、必要以上に深く考えてしまうのです。知的な人が、創造する、理解する、戦略を練る、発明する、といった能力に長けているのはそのためです。

肥満型の素晴らしい代謝能力が、本人にとって不利に働く可能性があるのと同じように、知的能力の高い人の脳も、不利に働きかねません。というのも、「推論の誤り」と呼ばれるものをつくり出してしまうためです。「推論の誤り」とは、きちんとした有効な証拠から、誤謬《ごびゅう》、バイアスという、誤った思い込みがつくられてしまうことです。

「推論の誤り」は精神的によくない

推論の誤りとは、有効な証拠をもとに、誤った結論を導き出すことです。

つまり、目にするもの、経験すること、理解することは現実かもしれませんが、これらをつなげてまとめた仮定は現実に即していないか、かなり可能性が低いということです。

推論の誤りの例として、「早まった一般化」があります。自分が1度か2度した経験をもとに、あるグループ全体について「こうだ」と決めつけることです。多くの人種差別や偏見の土台には、このバイアスがあります。

「前後即因果の誤謬《ごびゅう》」というものもあります。まったく関連性のないふたつの事柄が起きたとき、ほぼ同時に起きたというだけで、両者には関連があると決めつける行為です。

また別の推論の誤りには、「誤った二分法」というものもあります。ある問題の答えとして、実際には気づいていない可能性がまだたくさんあるにもかかわらず、有効なものはふたつしかない、と思い込むことです。

たとえば上司に呼び出されたとき、昇進するかクビになるかに違いない、と思い込むことです。

さらに推論の誤りの例をもうひとつあげると、「滑りやすい坂論法」があります。実際にはそんなことないのに、ひとつの出来事が別の出来事を次々と誘発すると決めつけることです。

これらは、数えきれないほどある脳の「裏切り」の一部にすぎません。周囲に気を配って警戒できるようにするためのものですが、ときには必要以上に脅かされてしまうこともあります。実際なのか推論の誤りなのか判断できず、どちらにしても体が反応してしまうのです。

どうすればバイアスに引きずられずにすむか

推論の誤りを正すには、まず自分にはバイアスがあると気づくことです。ほとんどの場合、「誤った二分法」や「早まった一般化」をしていると自覚すれば、やめることができます。大切なのは、論理的な思考です。

これが最終的に自動的にできるように脳を訓練するには、時間がかかります。

心は、検索用語の自動入力がオンになっているサーチエンジンだと考えてみてください。長年ずっと入力し続けてきた言葉であれば、しばらくは検索窓に表示されてしまうでしょう。

自動的に表れてくる言葉を変えるには、新しい考え、選択肢、刺激を加え続けるよう努力する必要があります。

心配はもっとも弱い防御システム

反芻《はんすう》思考〔ぐるぐる思考とも呼ばれる、繰り返し同じ考えを続けてしまうこと。うつに関係があると言われている〕は、創造性が生まれる場所です。反芻と創造は、脳の同じ部分が司っています。[*10] **「クリエイティブな人にはうつが多い」というステレオタイプがありますが、神経学的にはこれが理由です。** 人生最悪の時期に傑作のインスピレーションが湧いた、と言うアーティストも多いですが、インスピレーションを得るために危機は必ずしも必要なことではありません。

過剰な心配とは、本来異常なことではありません。ぐるぐる考えるのをやめてただ「人生を楽しむ」ことができないからといって、人として劣るわけではないのです。**あなたが抱く恐怖のちょうど反対には、何があるでしょうか？　それが、あなたが求めているものです。** あまりにも強烈に欲しているために、正気を失わんばかりに必死になって守ろうとしているものです。

守ろうとするのは間違いではないのですが、新しい方向に一歩踏み出す準備をすることもまた、間違いではありません。

しかし現実には、心配は期待するほど身を守ってはくれません。私たちは恐怖に打ち勝つことなどできないのです。ネガティブな結果が起きる無数の可能性を事前に察知しようとしますが、実際に危機が起きようものなら、パニックになるでしょう。脳と体はこの壮大な闘いのために、ずっと準備してきたからです。

恐怖に対して前もって過剰にあれこれ考えていなかったら、ここまで大きな影響は受けなかったでしょう。状況を現実のまま受け止め、それに応じて対処したはずです。

まさにそこで悪循環が始まります。単なる妄想にすぎないことを体調を崩すほど心配したのに、実際に何も起こらないと（当然ながら、そもそも起きないものを心配していたのですが）、私たちは心配と安全を関連づけるようになります。

ほらね？　あれだけあれこれ考えたから、避けられたんだよ！　と。**でも実際はまったくそうではありません。**

ではどうすれば不安を考えないようになるのでしょうか？

そのために、もしほかの人が自分の立場だったらどう対応しただろうか、と考えてみましょう。

あるいは、問題を逆の視点から見るよう想像してみましょう。
また、この問題があるおかげで何かをつくり出すチャンスができた、と捉えてみるのはどうでしょうか？

これらに共通するのは、苦境に遭遇するかもとの恐れから、自分自身も人生も小さく縮こまった状態で過ごすより、自己肯定感を伸ばすことです。そして万が一失敗したとしても、あなたが恐れているような形で批判されたり、追放されたり、憎まれたりすることはないと知ってください。

安定性や、健康、活力は、あなたが生まれながらにして持つ権利です。心穏やかでいてもいいのです。

心配は非常に原始的です。そして同時に、**あなたが心配に対して抱く不快感は、より高い視点を持つ自分からの「心配なんて不要だ。心配のせいでむしろ、なりたい自分、なるはずの自分になれなくなっている」という訴えでもあります。**

第5章

人間は感情を回避するためには何でもやる

成長のためには、過去の傷を未来へと断固として持ち越さない

生きていく中で私たちは、日常的に、自然と自己改革をしています。人間の精神と感情も、もちろん体と同じように成長します。自分が求める自然な変革に抵抗しているからこそ生まれる苦しみもあります。

人生を変える必要があるのに、過去の荷物やガラクタにいつまでもしがみついているから、痛みを感じてしまうのです。

未解決の感情を日々抱えたままでいると、過去のトラウマ（心の傷）を未来へと少しずつ持ち込むことになります。

過去を手放すとは、私たちが学ぶべきプロセスであり、習慣でもあります。ではどう始めたらいいのでしょうか。

過去にとらわれるなと簡単にいう人は、何かに本気になったことがない人

どんなに手放したいと思っても、過去ばかりは力づくで手放すことはできません。いかに邪魔なものであっても、脳のスペースを占めているものを無理やり追い出すことはできません。**かつては自分の世界の中心にあったものを意志の力ですっぱりと忘れる、なんてできないのです。**

手放すとは、そんなことではありません。

何かに本気で夢中になった経験がない人は、過去に大事にしていたものを意志の力で手放せるはずだと決めつけます。愛情や将来のために何かに強く執着した経験のない人が、できるだろうと決めつけるのです。

あなたの頭や心に渦巻く嵐を想像すらできない誰かに、いとも簡単に「忘れなよ」と言われたとき、怒るのも当然のことです。

過去の酷い傷のせいで、人間的な成長が止まることがある

ある経験が終わったからといって、そこからの影響がなくなるわけではありません。人は、未処理で未解決の感情を体の中にため込みます。

そして、傷ついた経験や過去のひどい経験（トラウマ）のせいで、それを乗り越えられずに、**結果として成長がとまってしまうことがあります。**

どうでもいいと思っているものにはそこまで深く傷つきません。つまり傷ついたということは、とても欲しかったか、もしかしたら今でも手に入れたいと思っているはずです。

うまくいかなかった過去を受け入れる必要はありません。大切なのは、自分が求めていたものの核には何があったのかを理解し、どうすれば今その経験ができるのかを考えることです。

たとえば過去の経験を本気で手放したいなら、記憶をたどって当時に戻る必要があ

ります。目を閉じ、まず、体の中でどこに不快感があるかを探してみましょう。

その不快感は、過去の経験の根っこへと続く扉です。不快感をたどっていき、どこで始まったのか、不快感に尋ねてみます。

時間、場所、何があったかを思い出すはずです。記憶がまだ新しいものであれば、この手順を踏む必要はありません。すべてが始まった場所に戻った自分を想像することで、当時の記憶に戻ることができます。


今ここですべきは、癒され、ハッピーに歳を重ねた自分が、若かりし頃の自分に知恵を授ける様子を想像することです。

若かった頃の自分の隣に腰掛け、傷ついている当時の自分に、具体的なアドバイスをします。今起きていることがなぜ結果としてベストだと言えるのか、今は分からないだろうけど、もっとずっといい人が現れる、などと伝えてあげるのです。

心底落ち込んでいる若かりし頃の自分の隣に座り、どうすれば気分が良くなるのか、アドバイスします。誰に電話すべきか、どこへ行くべきか、何をすべきか、何をやめるべきか、などです。

一番大切なのは、若かりし頃の自分に、すべて――そう、ありとあらゆることすべて――がうまくいくようになる、と話している様子を想像することです。今抱えている恐れのほとんどは根拠がないこと、そのうち良いことがあること、結果として人生は良くなっていることを話してあげます。

これは、古い執着を手放し、自分を「今」につなぎ直すために必要です。

過去に起きたことは変えられません。しかしその出来事に対する自分の視点を変えることで、今のあなたを変えることはできます。**自分の中でつくった過去の物語は変えられるし、人生も変えられるのです。**本来の自分ではない自分でいなければいけなかった、古い生き方にしがみつくのをやめることができます。

何かに危険なほどに執着しているとき、たいていその視点は歪んでいます。ありのままの現実を見ていません。そのため、考え方を広げて真実に心を開くよう、自分に手を貸す必要があります。

信じられないかもしれませんが、「今」にエネルギーを注ぐと、無限の可能性がある世界へと自由に足を踏み入れられるようになります。そうすればなりたかった自分になれ、つくりたかったものをつくれ、欲しかったものを手に入れられるようになります。時間は今であり、場所はここなのです。

人生は厳しくも、何事もなかったかのように進み続けます。

たとえば、自分にとって一番近しい人を失ったとき、世間は数日間悲しむのを許してくれますが、あとは通常通りに日々を続けることが期待されます。人生が大きく変わり、気持ちが変化し、心の深い傷となる経験をしたのに、あなたが抱える恐怖を受け入れるだけの余裕が、社会にはありません。

あなたが許されるのはせいぜい、泣くこと、悲しむこと、たまに予定をキャンセルすること程度でしょう。2、3日くらいなら仕事も休めるでしょうし、愚痴も何度か聞いてくれる人はいるかもしれません。

でも、仕事や学校を1日休んだからといって消化して受け入れられるようになるものではありません。世間はそのために十分な時間を与えてはくれません。それであなたは、仕事でヘマをしながらも、なんとか生活を続けます。

そんなある日、あなたは気づきます。あらゆる意味で、自分の中で踏ん切りがついていることを。今のあなたは、かつての自分からずっと遠くに離れ、当時をはっきりと思い出せないほどです。とはいえ、場所や人、状況から離れることはできても、自分自身から離れることはできない、という事実をあなたはきちんと理解していません。

過去を引きずっているからといって、心は過去に戻りたがっているわけではありません。**人は自覚しているよりずっと、過去から大きな影響を受けており、そこからの余波はずっと残り続けます。**

その余波は、時折ふとした考えとして浮かび上がってきます。でもその下には、まるで過去そのままのあなたへと引きずり戻してしまうほどのパワーが存在しています。今、これまでにないほど幸せで満ち足りた生活を送っている人でも、若い頃の経験にいまだに胸を痛めて悲しむものです。

外見は変わっても、心の中ではまだ、当時の自分が変わらずに存在しています。その若かりし頃の自分は、振り向いて、そこにいる自分に気づいて欲しいと思っているのです。

過去に起きたことを今も思い出せるということは、かなり健全である証拠です。自覚している以上に癒されたいと思っているし、自分が思っている以上にあなたはずっと人を許すことができるということなのです。**心を悩ませ続けたありとあらゆるものが今、意識に浮かび上がっているのは、それを見て、潔くその場を立ち去ることができるようになるためです。**

現実的でない期待はしない

自分の欠点をすべて直し、難関をすべて乗り越え、「ビフォー／アフター」の写真の**「アフター」である人生を自信満々に生きているときにだけ幸せと平穏を感じるのなら、それはまったく問題を解決したことにはなりません。**

人生が変わるのは、前に進みたいと思いながらも、今いる場所でも満足できるときです。人生が変わるのは、望みどおりの外見でなくても、自分を愛せるときです。人生が変わるのは、お金や愛、人間関係に信念を持つとき。見知らぬ人も会社の社長も同じように扱うとき。１万ドルを管理するのと同じように１０００万ドルを管理するときです。

人生が変わるのは、ありのままの自分をさらけ出すときです。それは、心の底から恐れていることを始めることでもあります。

人生の問題のほとんどは、私たちがいるのは「今」であり「ここ」なのに、今という瞬間に心を落ち着けて存在できないことから起こります。

そのため、まずはそれを癒さなければいけません。

勇気をもって自分の中にある不快感に立ち向かい、受け入れなくてはいけません。たとえその不快感で胃がムカムカし、顔が歪み、出口なんて絶対見つからないと思ったとしてもです（出口は見つかります）。

何が不満なのかに耳を傾け、感じ、その中を突き進み、ありのままを受け入れなくてはいけません。

実はその不快感こそが、本当の問題です。次から次へとやってくる不快感を何とかしようと私たちはあちこち走り回りますが、そうした不快感はすべて、単なる症状にすぎません。

お金の問題が片付いたら、今度は体の悩みがやってきます。

体の悩みが片付いたら、次は人間関係。

気になるものをすべて片付けたら振り出しに戻り、もっとレベルアップさせようとか、変えよう、治そう、何かしら問題を見つけよう、となるのです。

ありのままの自分をさらけ出すようになると、いい加減な言い訳をやめます。希望の場所に到達できていなくても、信念を抱けるようになります。誰かに愛されていなくても、幸せを感じられるようになります。

永遠になれないかもしれない「最高の自分」でなくても、人生を楽しめるようになる——それが本当の癒しです。

宇宙に完璧などありません。割れ目や裂け目がなければ成長などありません。自然には、不完全さが必要です。断層線は山をつくり、星は爆縮して超新星になり、ひとつの季節の死は次の季節を再生します。

手放すことで道が開ける

人もモノも、手に入らないときは、何をしても手に入りません。持てるすべてを使って奮闘してみることはできます。できるだけ長くしがみつくこともできます。あれこれ知恵を絞って、縁がないことを示す証拠を否定することもできます。何よりも、待つことだってできます。

でもそれだと、永遠に待つことになりかねません。あなたが本来手にすべきでないものが、あなたの人生に残ることはありません。

反対に、縁があるものは、自然と自分のもとにやってきて、長く雲隠れすることもなく、ずっとそこにいてくれます。縁があるものは明瞭さをもたらし、そうでないものは混乱を招きます。

その人に合わないものを無理やり合わせようとすると、身動きが取れなくなります。本来そこにあるべきでないものを無理に人生に取り込もうとすると、人間は壊れます。解決できない内なる葛藤を生み出してしまうのです。

トラウマから立ち直る

トラウマは頭の中にあるもの、と思ってはいないでしょうか。トラウマとは、体の中に存在します。**トラウマとは、何かで怖い思いをし、その恐怖を克服できないときに起こるものです。**その恐怖を解決あるいは克服しないままだと、闘争・逃走反応の状態がずっと続くことになります。

トラウマを経験するということは、安心感という基本的な感覚から切り離されるということです。つなぎ直さないと、とりわけ破壊的なバイアスによって世界観が歪められてしまいます。過敏になり、相手の意図を深読みしすぎたり、考えすぎたり、過剰反応したり、無害の刺激に動揺したり、何でもないものを個人攻撃に感じたり、精神的な「戦闘モード」の状態が続いたりします。

トラウマを経験すると、脳は自らを配線し直し、あらゆるものの中に「脅威」の種を探そうとします。そのため、トラウマをつくった問題から離れることも、被害妄想にならないようにすることも、なかなかできません。脳は、文字どおりあらゆる方法で、世間が危険だと伝えてこようとするのです。

恐怖や不安の治療として、先ほどのエクスポージャー（暴露療法）が高い効果を上げるのはそのためです。ある人の生活にストレス要因を少しずつ取り入れていき、自力で対処できると自覚させることで、脳は中立の状態に戻れるようになります。自分でコントロールできるという感覚や安心感が、改めてできるためです。

実は、同じようにトラウマの経験をしても、「安心感」がある人は、トラウマを自己破滅ではなく、内省、成長、慈悲、癒しへのカタリストとして使える傾向にあります。

こうした人たちは、社会的なつながりを強く持っている人や精神的に打たれ強かった人で、非常に重要な感情である「安心感」へのつながりを、複数持っています。そのため、どれかが損なわれても、まだほかに支えてくれるつながりがあるのです。

トラウマを受けると、感情と記憶をつかさどる海馬が小さくなる

トラウマになるような出来事のあと、脳では何が起きるのでしょうか？　神経学的に見ると、人はストレスを脳の3カ所で処理します[★11]。

第一に扁桃体、第二に海馬、第三に前頭前皮質です。

心的外傷後ストレス障害（PTSD）を患っている人は、海馬（感情と記憶の中枢）が比較的小さく、扁桃体（反芻と創造性の中枢）の機能が増大し、内側前頭前皮質／前帯状皮質（計画や自己の能力の開発など複雑なふるまいを司る中枢）の機能が減少しています。

ここから、トラウマを受けた人が次のようになりがちな理由の説明がつきます。

- 脳が記憶をきちんと処理しなくなるため、起きたことの断片しか思い出せず、乖離の要因となることがあります。

- 扱える感情の幅が狭まります。
- 息苦しく、身動きが取れなくなったり、将来をうまく計画できなくなったりします。自分の能力を伸ばすことや自己実現もできなくなります。
- 闘争・逃走反応の状態になると、体は、生き延びるために不要となる高度な機能を停止させます。体の主な受容器官は非常に敏感になり、刺激に反応しやすくなります。

何万年も昔、まだ人間が自己実現の初期段階にあった頃——つまり「マズローの欲求段階」の一番下にいたとき[★12]、人間の一番の懸念は、肉体的に生き延びることでした。しかし、現代の私たちには、自己実現、意義深い人生にすること、社交性・お金・知力を通じて「安心感」を得ること、などが必要です。

必要なのがこのようなはっきりしない領域であるせいで、精神面・情緒面で苦しむ人が増えているであろうことは、想像に難くありません。

トラウマから回復するには、安心感を取り戻すこと

トラウマからどう回復するかは、非常にシンプルです。安心感を取り戻すのです。しかしこの回復法で一番大切なのは、人生でトラウマを受けたまさにその場所に安心感を取り戻さなければいけないということです。

たとえば、若い頃の人間関係でトラウマを負った人は、魅力的でいることや成功者であることにエネルギーを向けがちです。自分がそれなりに素敵な人間であれば、もう否定されたり拒絶されたりしないだろうと考えるためです。しかし、必ずしもそんなことはないと普通に考えれば分かることです。大人になってこのように考えてしまうと、逆に魅力や成功に対する不健全で破滅的な執着を生み出してしまいます。

人間関係でトラウマを受けたのなら、ほかの人と健全で安全な関係を構築することで、安心感を取り戻します。

お金でトラウマを受けたのなら、十分なお金を確実に手に入れるために努力したり、

急な出費に備えて貯金したりすることで、安心感を取り戻します。

失業でトラウマを受けたのなら、再び失業したときのために収入源を得る別の手段を用意しておいたり、副業したりすることで、安心感を取り戻します。

いじめでトラウマを受けたのなら、新しい友達を見つけることで安心感を取り戻します。

放っておくと、人は本当の問題ではないところを過剰に補おうとします。たとえば、人間関係で悩んだのに、「安心感」を求めてお金を貯め込むという具合です。当然、本当の問題は一向に解決されないため、効果はまったくありません。

あなたが抱えているトラウマは、「頭の中にある」わけではありません。トラウマは、脳が文字どおり変化した状態です。体が本来の状態に戻るようにあなたが手助けできるただひとつの方法は、サバイバル・モードのスイッチを「オフ」にして通常の生活に戻れるよう、改めて安心感をつくり出してあげることです。

人間は感情を回避する達人

たまった感情とは、メールの受信ボックスのようなものです。

これは分かりやすい例えです。感情を経験するとは、体からメッセージを受け取り、それがひとつずつ積み重なっていくようなものです。

メッセージを1度も開けなければ、通知が何千個も積み重なり、生きていくのに必要な、極めて重要な情報や大切な洞察を完全に見落としてしまいます。

だからといって日がな一日そこに座り、メッセージが来るたびに反応することなどはできません。そんなことをしていたら、ほかに何もできなくなってしまいます。

感情は自分の自由な意思でどうにかできるものだという決めつけは、間違いです。感情とは、自然に湧いてくるものなので、**私たちは、感情を自分の意思で拒否することはできません。**

でも人間は感情を回避する達人なので、あの手この手で避けようとします。

たいてい、物理的に麻痺するような薬物や、自分ではなく他人の落ち度に注意を向ける「投影」や「批判」、そのほかこの世にあるありとあらゆる気晴らしに頼ります。さらに感情を避ける一番基本的なやり方に、うまく体をこわばらせ、何も感じられない状態にする方法もあります。

こうしたやり方は長く効果が続かないことは、あなたにも分かるでしょう。たまった感情はそのうち詰まりを起こします。そうして、ただじっと座ったり眠ったり泣いたりしながら、すべてを感じざるを得ない状態になるのです。

こうした状況の中にも、詩的で神秘的な真実がある、とお伝えできればいいのですが、残念ながらありません。そこにあるのはただ、感情を抱いたときにあなたの体の中で起こる生理的な機能だけです。

感情は、体を使った経験です。私たちは、定期的に体からすべてを流し出しています。便を出し、汗をかき、涙を流し、ひと月に1度、全身の皮膚を落とします。感情だって同じです。感情もまた、放出する必要があります。

表現されない感情は、体に閉じ込められます。感情には運動要素と呼ばれるものがあり、感情が湧いたその瞬間（自分で抑えたり無視したりできるよりも先）に、微細筋肉を活性化させます。

そうして、感情が生まれたもののきちんと表現されなかった体の部位に、痛みや緊張がたまることがよくあります。過去の痛みを知るために、体の不快感を探るべきなのはこのためです。

神経学的に見てみると、感情を司る脳の前帯状皮質は運動前野の隣に位置しており、感情が処理されると、前帯状皮質がすぐに身体的な反応をつくり出します。運動前野がそこから運動皮質へとつなげ、その後、その感情を表現することになる特定の筋肉へと渡します。

どの筋肉がどの感情を表現するのでしょうか？　それは状況によります。

感情に対して体のどこが反応するかのヒントとなる言葉は、多く存在します。たいてい恐怖は胃で感じ（緊張で胃が痛くなることがありますよね）、心の痛みは胸で感じ（失意を意味する英語表現「ブロークン・ハート」はここから来ています）、ストレスや不安は肩で感じ（「責任が肩にのしかかる」という表現を考えてみてください）、そして人間関係の問題は首で感じます（イライラすることを英語で「首の痛み」と表現します）。

とはいえ、実際はもっと深いものです。

たとえば、誰かが人間関係の距離感を無視するようなことをあなたにしたとしましょう。そしてあなたは本能的に、相手に怒鳴りたいと思ったとします。しかしそんなことをしても効果がないと分かっていたため、怒鳴る衝動を抑えました。

その瞬間においては、正しい判断だったかもしれません。しかしあなたの体はここで、処理されなかった緊張を首か喉のあたりにため込む可能性があります。

もっと抽象的な場合もあります。たとえば、人生を「前に進める」ことでトラウマを受けた場合、膝や足の痛みとして感じるといった具合です。

体は、声にならないシンボルを通じて、私たちに語り掛けています。何を伝えようとしているかを解釈する方法を学べば、まったく新しい方法で、自分を癒すことができるようになるかもしれません。


感情をきちんと表現しないと、体の中にため込んでしまうこともあるとお分かりいただけたと思います。では、感情を流し出すには、どうすればいいでしょうか?

手段はたくさんありますが、大切なのは、あなたにとって効果があるか否かです。誰にでも効果のある万能の方法はありません。しかし、次にあげるような、ほとんどの人が効果を感じられるものもいくつかあります。複数を並行して行えば、さらに良いでしょう。

1，落ち着くためではなく、「感じる」ために瞑想する

実は、瞑想の目的はまさに「感じる」ことにあります。

よく瞑想はリラックスするためにするものだと言われますが、頑張って「気を楽にしてリラックスしよう」と力むと、そもそも瞑想が必要になった原因であるプレッシャーを自分にかけてしまいます。

瞑想の目的とは、激しい怒り、恐れ、悲しみ、ものすごい量の心のおしゃべりなど、さまざまな感情が湧き上がってくるのを経験しながら、ただぼんやりと座ることです。**そして、どれだけ魅力的だったり動揺させられたりするような感情に対しても、反応せずにじっとしていることを学べます。**

何も反応しないことで、考えや感情がやって来ては通り過ぎていくのに慣れましょう。

これができるようになるには、練習が必要です。

2, 体にたまっている緊張を呼吸スキャンで見つける

痛みが体のどこにたまっているかを見つけ出す作業は、そんなに難しくはありません。実際に感じるからです。胸や胃、肩、どこであれ、不快感があるところです。

とはいえ、もし確信が持てなければ、あるいは痛みがある場所にピンポイントで集中したければ、「呼吸スキャン」をやってみましょう。呼吸と呼吸の間で息をとめることなく、ゆっくりと吸ったり吐いたりします。そのうち、息を吸うときに「引っかかり」のようなものをどこかに感じるのに気づくでしょう。**そして体のどこに緊張をため込んでいるのかが、はっきりと分かるようになります。**

いったん分かってしまえば、その感覚にじっくりと入っていき、それが何なのか、過去のどこから来るのか、クリアに分かるようになります。

この際によくあるのは、支援やアドバイスを必要としている、特定の記憶あるいは過去の自分に連れ戻されることです。それを日記に書きとめます。体はよく、シンボルを使って比喩で話すことを思い出し、すべて文字どおりに受け取らないようにしましょう。

「感情的に健康である」ことは、いつも落ち着いているということではない

感情を解放するために、一番難しい上に、一番重要なことは、当時の感情を実際に感じることです。実は感情を解放するためにすべき、たったひとつのことでもあります。最低な気分を味わわなければならないことを意味する場合もあります。ヨガ、ストレッチ、ウォーキングを全力でやることを意味するかもしれないし、心が乱れる考えに向き合うことや、心に引っかかっていることについて思い切り泣いてすっきりすることかもしれません。

覚えておいてください。感情的に健康であるとは、いついかなるときも常に落ち着いてニコニコしていることではありません。感情的に健康であるとは、好きなものも嫌なものもひっくるめた幅広い感情を受け入れることであり、どちらかに偏りすぎないことです。

「心の健康」と「自己を律する力」とは、ある考えについて反応せずに理解し、感じ、経験できる能力です。反応すること、あるいはしないことで、自分の力や人生を取り

戻します。

あなたは完璧になるために生まれてきたわけではありません。常にハッピーでいるために生まれてきたわけでもありません。

でももし、怖くても感情を抱ける努力を日々、自分に課すことができるなら、凛とした姿で人生を乗り越えることができるでしょう。それが完全に人間らしいということです。

心を癒すことは、不快で、破壊的であるが大事な取り組み

心を癒すことは、体を癒すこととは違います。

もし体が怪我をしたら、治療をし、日々良くなっていき、怪我をする前とほぼ同じ状態に戻ることが多いはずです。

心を癒す場合、まったく異なります。以前と同じ状態には戻らないからです。**自分**

の内側を壊し、まったく別人に生まれ変わります。

そんなの乱暴だとか無慈悲だと感じるかもしれません。癒しとは、たった1度の経験で、永遠に快適で健全な状態へと楽に上昇できるものではありません。心を癒すとは、何よりも不快で、破壊的で、何よりも大事な取り組みなのです。

自分を癒すとは、自分がもっとも自然でいられる状態になることです。自由を渇望したりせず、息が詰まる意見など気にせず、疑問も持たずに新しいものを生み出し、恐れを抱くことなくありのままの自分でいて、約束や合意、条件などつけずに愛することです。本当のあなたとは、最高のバージョンのあなたであり、同時に、ずっと存在し続けた一番本質的なバージョンのあなたでもあります。

では、どうすればそこに到達できるでしょうか？　簡単ではありません。

そのためには、**これまでずっと無視してきた、自分の中にあるわだかまりや敵意、尽きることのない憧れや恐れを、正直に棚卸しする必要があります。**人生のどこがうまくいっていないのかを、厳密に評価する必要もあります。

これにより、うまくいくよう働きかけられるようになります。また、自分の正直な感情と向き合い、それを実際に感じる必要があります。

癒すには、きちんと感じることです。そうしないと、胸の奥でいつまでもうずいている痛みを発散しようと、無意識に同じようなつらい経験をつくり出してしまいます。

癒しとは、好ましくない経験に目を背けるべく取り去って、完璧になるまできれいにする、という努力をやめることです。

癒すには、不快だから断ち切って心の奥にしまい込もうと決めた、ありとあらゆる感情をすべて感じる必要があります。そして自分の中にある、ありとあらゆる闇と対峙する必要もあります。

一見すると頑丈なバリアに見えるものの下には、完全で完璧で徹底的な自由が眠っています。どの感情にも恐怖を感じなくなったとき、人生のどこにも抵抗しなくなったとき、不思議なことが起こります。平穏を見つけるのです。

心の傷は、努力しないとよくならない

永遠に苦しむことはありません。

長いことつらい思いをすることもありません。

とはいえ、徐々に良くなっていき、あるとき過去の経験の絡まりがすべてほぐれ、傷つく前の自分に戻ることができる、と考えるのは自分を騙す行為です。それでは、まったく癒しになりません。

深い苦悩により、新しい自分になる過程は「積極的分離」と呼ばれます。自分が置かれた状況で、輝くまでいかなくともなんとかやっていけるくらいに自分を適応させたいものです。こう思うのは、健全であり、当然です。

でも、この作業は不快なので、しりごみしてしまいます。

癒しは、最初のうちはつらいものとなります。恐らく人生で初めて、自分と正直に向き合うことになるでしょう。なりたい人物に大きく一歩近づくために、快適ゾーンの外へと足を踏み出すことにもなります。いきなり今よりも快適に、ゆったり過ごせるようにはならないのです。

不快感を恐れるのではなく、不快感によって今よりもモチベーションが高まるようになります。

心を癒した後、世間知らずで、経験も浅く、今よりも無知だった前の自分に戻るはずはありません。癒しの向こう側では、もっとすばらしいものが手に入ります。痛みを乗り越えた先で手に入るのは、今よりも打たれ強く、自立した、深い自信を持ったあなた自身です。

自分を救えるのは自分だけ。そのため、あなた自身の手で救う作業を始めなければいけません。それはまさに、人生の目的そのものです。

この作業を始めると、自分にはパワーも影響力もあり、戦略を立てて人生の方向性を変えられる力があると気づくのです。

癒されると、傷ついた部分はもっと強くなります。自己中心的だったところは地に足がつくようになります。いい加減だったところには責任感が出てきます。これまでより敏感になり、有能になり、いろいろなことを意識できるようになります。思いやりが深まり、共感力が高まり、気を配り、注意深くなります。

一方で、「もっと恐れる」ことがなくなります。

先ほども言ったとおり、あなたを守ってくれるのは、恐れではありません。ただ行動や準備、理解することが守ってくれます。

SNSにいい自分をのせるのは、心がからっぽだから

「前に進む」とは、リベンジすることではありません。

あなたの「美しい成長」（かつてパッとしなかった人物が、美しく成長すること。特にその姿をSNSで披露すること）は、ほかの人には分からないかもしれません。表面的に見える変化ではない可能性もあります。

大変身したらSNSに大々的に投稿する世界で、癒しとは、自分を磨くとは、人生を前に進めるとは一体どういうことかを、私たちは見失っています。

もし人生を変えたい理由が、ほかの人に「変わった」と思われたいだけならば、あなたを愛さなかった人たちや愛するつもりもなかった人たちの意見が、今もあなたの世界の中心にあるということです。

それに、本物の変化を遂げた人は、表面だけを気にすることなどしません。その人たちは今、物事がどんな「感じ」か、表面の下はどうなっているのかに、しっかりと

焦点を当てた生き方をしています。

自分の心の問題に取り組むことが癒しです。これが、他人の目よりも自分の心を初めて優先するということなのです。

見栄えのいい画像は、誰にだってつくれます。写真に加工をし、次から次へと並べ、見せかけだけの物語やストーリーをつくることは、誰にだってできます。お金をかければ誰だって美しくなれるし、本気を出せば外見を磨くことはできます。つまり、実際よりもずっと人生が順調であるかのように思わせることだってできるのです。

彼らがそこまでして証明したい理由はもしかしたら、それでもまだ、心が空っぽだからかもしれません。

10年前よりも太った、痩せた、きれいになった、素敵になったかどうかなんて気にしない自分だったら、どうなるでしょうか？

本当のところ、人生に「ビフォー／アフター」などありません。私たちは常に脱皮し、成長します。

誰かがあなたをSNSで見つけ出し、成功したあなたの姿を目にしても、あなたが思うように見てくれる人などいません。その人たちは、自分のことを見て自分のことを考えているのです。

その人たちがＳＮＳで読んでいるのは、自分のことです。

一番大事なのは、これまでは最高の自分ではなかったと悟ることです。

あなたは、取るべき行動を取りませんでした。

なりたい自分ではありませんでした。

だから、覚えておいてください。もし次回、魅力的なキラキラした自分の成長物語をほかの人に自慢しようと思ったら、なぜ自分はいまだにその人たちの承認を求めてしまうのだろう、と自問することを。

答えは十中八九、あなた自身が自分を認めていないから、でしょう。

第6章

脆さは人生の何よりも大切である

未来にいる最高の自分と出会う

心理療法でよく使われるツールに、インナーチャイルド・ワークと呼ばれる、子どもの頃の自分を想像してつながるプロセスがあります。[★13] そこでは過去の自分にアドバイスできるし、トラウマを受けた特定の出来事に戻り、現在の自分の知恵を使ってその問題に取り組み直すこともできます。

このプロセスは、リバースエンジニアリングと似ています。リバースエンジニアリングとは、まず人生の最終目標を見つけ、そこに到達するために毎日、毎週、毎月、毎年、何をしなければならないのかを逆算していくことです。

このテクニックを使って、未来の自分と話してみましょう。

とっぴに感じるかもしれませんが、未来の自分をしっかりと心に描けるようになります。次から、実際にやっていきましょう。

STEP 1
まずは恐怖と対峙する

ノートを用意して、静かな場所に座ります。このエクササイズは、リラックスしているときに行いましょう。怖がりながら行うと、恐れが出てきます。

まず、目を閉じて瞑想をします。少し時間をかけて深呼吸をしながら、自分の中心に意識を集中しましょう。明るい部屋で心地よいテーブルを前に座っているところを想像してください。幸せな気分になれて、心が落ち着く場所です。

続いて、未来の自分を、一緒に座って話をしてくれるよう招き入れます。特定の年齢の自分に来てもらうこともできますが、通常は未来の自分が来たときに、年齢は自然と浮かんできます。

可能な限り最高のバージョンの自分が来てくれるよう、はっきりとリクエストしましょう。もし怖いと感じるものが見えた場合、それは将来的に実際に起きる何かではなく、**単に自分の心の中にある「これが起きたらどうしよう」という恐怖であることを覚えておいてください。**

一度この恐怖を克服してしまえば、アドバイスを受け取れるようになります。

STEP 2

未来の自分はどんな姿？

最高のバージョンである自分が何を話すのか想像するのに加え、その人物がどんな姿をして、どんなふるまいをし、顔の表情がどんなことを伝えてくるかにも注目してください。

未来の自分のエクササイズを行う理由は、その自分と一体化するためです。最高に理想的な姿をはっきりと視覚化しましょう。そうすることで、今の自分の人生がどう成長し、シフトし、変わる必要があるかが分かります。

未来の自分は何を着ているか、何を感じているか、毎日何をしているかに注目してみましょう。あなたがそこへ近づくためのカギとなります。

STEP 3

アドバイスを求める

このプロセスは、どうしても知りたい疑問について答えてもらおうと、リストをつくってから行ってはいけません。パニックになってしまう可能性があります。

代わりに、未来の自分があなたにシェアするものなら何でも受け取れるよう、オープンでいましょう。未来の自分がくれるメッセージは前向きで、元気がもらえ、肯定的で、役立つもののはずです。たとえ、「この人間関係は手放した方がいい」といった内容だとしても、すでに知っていることを再確認するような落ち着きで伝えてくれるため、あなた自身も納得して気持ちよく受け入れるはずです。

STEP 4 未来の自分から新しい人生の「カギ」を受け取る

未来の自分を活用した別の強力なエクササイズに、3年前、5年前、さらには7年前の自分と一緒に座る様子を想像する方法があります。親近感を抱ける程度に近い過去でありつつ、今のあなたは当時より成長している程度に遠い過去である必要があります。

かつてよく通っていた場所か住んでいた場所に当時の自分が座っている姿を想像し

てください。次に、今の人生で使っている何かをその人物に手渡します。当時のあなたから今のあなたになるために必要な情報も、すべて渡しましょう。

たとえば車の鍵、仕事用のメールアカウント、銀行口座、洋服を手渡すこともできるし、キャリアや人間関係、日々の習慣について、何をすべきか助言することもできます。

あるいは未来の自分が、今のあなたに何かを手渡しているのを想像することもできます。自宅の鍵や結婚指輪など、可能な限り最高の未来にいる自分が、何かしらくれる姿を想像しましょう。

このプロセスでは、落ち着き、確信、自信を感じるはずです。その逆ではないことを忘れないでください。恐れは幻想であり、心や体が見せてくる錯覚です。

未来のあなたが介入することで、何が可能かをすべて見せてくれ、確信と明確さ、品格をもって生きるべく自信を与えてくれます。

トラウマは、れっきとした身体的な問題

何か恐ろしいことが自分の身に起きて、その後その恐怖を一向に克服できないと、ずっとトラウマを受けた状態になります。

トラウマとは、安心感の根源から切り離される経験のことです。もっとも深刻なトラウマは、主となる養育者とのつながりが損なわれたときに起こります。とはいえ、世の中にはトラウマとなる出来事や傷の深さは、本当に数えきれないほどたくさん存在します。

トラウマとは何か、どこからやってくるのか、さまざまな説があります。DNAを通じて身体的に受け継がれてくると考える人もいれば、[*14]学習したパターンや観察を通じて、精神的・感情的に共有されると主張する人もいます。もっとも一般的な考えは、トラウマとは人と人との関係から生まれる経験であり、そのときに対処するためのスキルを何も持ち合わせていないときに受けるというものです。

トラウマを克服するために知るべきことは、れっきとした身体的な問題であるということです。人はトラウマの感情、エネルギー、パターンを細胞レベルで記憶してしまいます。

「状況に応じてかぶる仮面」に飲み込まれていないか

あなたは今、一番「すばらしい自分」ですか？

こう聞かれて、もし考えなければならなかったのなら、恐らく答えはノーでしょう。

誰もがさまざまな面を持っており、そのときどきに合わせて何種類かの顔を使い分けています。これは、社会を生きていくためのツールです。友達といるときのあなたは、親といるときのあなたとは別人です。**自分の中にあるさまざまな面を簡単に変えられる人は、心理的機能が高い証拠です。**

私たちは、今の人生で求められているのがどのバージョンの自分か、熟知しています。職場で、自宅で、どういう自分でいるべきか、分かっているのです。でも、自分がなるべき人物については、よく知りません。

自分のことを、自分のために決断できているか

一番すばらしい自分になるためには、今とは離れた状況にいる自分を夢想してはいけません。

まずはこんなふうに自問してみましょう。

一番すばらしい自分なら、今どうするだろうか？

今日という日を使って一体何をするだろうか？

この難題にどう反応するだろうか？

どう前進するだろうか？

どう考えるだろうか？

何を感じるだろうか？

もっともすばらしいあなたは、あなたの人生の最高経営責任者（CEO）である必要があります。経営判断を下し、すべてを管理する人物です。あなたは、もっともパワフルな自分の下で働いているのです。

すばらしい自分とは「自分にはさまざまな強さや弱さがあることを分かっている人」

すばらしい自分は、幻想を抱いたりしません。自分は常に完璧だなどとはまったく思っていません。彼らのメンタルが強いのは、完璧だからではないのです。**すばらしい人はむしろ、自分にはさまざまな強さや弱さがあることをよく分かっています。**

たとえば、すばらしい自分でいられる人は、不得意な仕事は別の人に頼みます。自分の限界を知っており、何が不安や恐怖を引き起こすかも分かっています。おかげで生きるのが楽になり、欠点の改善に取り組む時間や余裕も生まれます。

「これは私の得意分野じゃないから、時間をかけて努力してみよう」と自分に言える能力には、何にも勝る強さがあります。

すばらしい自分でいられる人は、全員から好かれているわけではない

すばらしい自分でいられる人は、全員から好かれているわけではありません。そしてそこが、他人からの承認を得ようと競い合うような人ではないということです。そしてそこがカギなのです。

真にすばらしい人物であるには、嫌われることをいとわない必要があります。これは、誰かに意地の悪いふるまいをしましょうという意味ではなく、何をしたって人はあなたを批判するという意味です。すばらしい自分はこれを分かっているのです。

人生には、誰からの抵抗もない道などありません。**そのため、嫌われてもいいと思えるようになるだけでなく、嫌われるものだと思いつつ、それでも行動することが大切です。**

目的を持って行動しよう

すばらしい自分であることと目的を持つことは、まったく同じです。

本当の意味ですばらしい人物になるには、自分が何をつくり出したいのか、徹底した信念が必要です。そのためには、「今が良ければいいという生き方」から「後世に残るもののために生きる」に考え方を変える必要があります。

あなたの目的は、常に変わり続けます。その目的はたいてい、「あなたが関心を抱いていること」「得意なこと」「世界が必要としていること」が交差する場所にあります。

本当の情熱を持って人生の仕事にとりかかるには、自分が何をつくり出し、何を達成したいかしっかりしたビジョンを持つことが欠かせません。

脆さは人生の何よりも大切である

次のステップとして取り組むべきは、人生をシンプルにすることです。野望を口にするのではなく、すでに自分が何を達成したかを示すことです。健康面も改善させていきましょう。

学ぶつもりであらゆる人、あらゆるモノに接します。**なによりも、脆《もろ》さは、人生のほぼどんなことよりも大切であるため、脆さを受け入れられるようになりましょう。**まずは変わるべく、小さな毎日のルーティンを意図的につくりましょう。

「自分がこう感じるのは、当然のことだ」と思う

政治、人間関係、子どもの教育、誰かをなだめる、平穏を維持する、友達をつくる、

人脈を育てる、進歩する――こうしたことを効果的に行いたいのであれば、まず身につけなければいけないテクニックがひとつあります。

あまり人に知られていませんが、労力はほとんどかかりません。

それは、人の敵意を和らげるテクニックです。それができるようになると、人の心を開くことができ、自分の感受性も上げ、敵意がある人も喜んで耳を傾けてくれるようになります。

そのテクニックとは、自分や相手が抱いた感情を「妥当」だと認める作業です。

「これをやった方がいい」など、あれこれアドバイスをするのではなく、ただ一言「それって本当に大変だね」と言われたい場面が、どれだけありますか？

「そう、今とってもストレスを抱えているんだ。それって、今の状況だったら当然だよね」と思えるとき、どれほど肩の荷が軽くなるでしょうか？

誰かの話をネットで読んでいて、それがいかに破滅的な内容であれ、自分と同じだと共感できて理解できるとき、どれだけ気が楽になるでしょうか？

悲嘆に暮れ、苛立ち、見境なく怒ることを自分に許してあげるとき、どれほどすっきりするでしょうか？

自分の感情を抱えられるようになると、ほかの人にやつあたりをしなくなる

感情を抱くことを自分に許すと、すばらしいことが起こります。**ほかの人に感情をぶちまける必要がなくなるのです。**

人が人生で泣き叫んだり感情をぶちまけたりするのは、単に助けを求めているからではありません。

多くの場合、その感情を抱くのは当然だ、と誰かに認めてもらいたいのです。自分の身に起きた深刻な状況を理解されなかったとき、もし誇張したり大げさに言ったりすることで伝わるなら、その人たちはそうするでしょう。彼らは、「大変だね。同情するよ」と誰かに言ってもらうためなら、きっと何だってするのです。

その理由は、人間が無能だからとか常識がないからではありません。

どうすれば感情を適切に処理できるか教えられることのない世の中で、私たちはたいてい、反射的な対処メカニズムだけに依存しなければならないからです。

人は、自分の感情の妥当性を確認できないと、他者に無理やりそれをさせようと、終わりのない行動を始めます。でもうまくいくことは決してありません。

反対に、その様子はまるで、注目してもらいたい、肯定してもらいたい、褒めてもらいたいと思っているように見えます。同時に、大げさで、ネガティブで、人生の悪いところばかりに注目しすぎているようにも見えます。

もし誰かが過剰に不満を言っている場合、その人は物理的な問題について、あなたに助けてもらいたくて言っているわけではありません。自分の感情を認めてもらいたがっているのです。

これは、自己破壊的行為の原因としてもよくあります。

自分の中に深い悲しみがあると、肩の力を抜いて、人生や人間関係を楽しむことを自分に許せないときもあるものです。

単に「楽しむ」なんて、裏切りのような気がして、できないのです。侮辱的な感じがしてしまいます。感情を認めてほしいと思うのに、それがなぜかは自分でも分かりません。

感情を認めよう

感情を、体の中にある管を流れる水だと考えてみてください。思考によって、管が清潔か否かが決まります。管の清潔度合いによって、水質が決まります。

もしも突然、思ってもなかった嫌な感情を抱いてしまったら（たとえるなら、水が突然すごい勢いで駆け巡ったら）、普通は、管を閉じて水が通らないようにしたいと考えます。

しかし水の流れを止めたところで、水がなくなるわけではありません。むしろ圧力が高まったり、水が流れなくなった体の部位に深刻なダメージを与えたりします。

水は、自然と消えていくこともあります。あるいは管が破裂し、情緒不安定として表面化することもあります。

しかし、水がきれいに通るようになり、嘆き、悲しみ、泣き崩れると、リセットのプロセスとなります。これを「積極的分離」と呼びます。打ちのめされるでしょうが、それでも、すべて終わったときにはずっといい気分になっているでしょう。

たとえば、大好きだったけれど特に強い関係があったわけでもなかった親類が亡くなったと想像してください。亡くなったと知ったとき、間違いなく悲しいと思うはずです。その悲しみは、葬儀に参列して1時間泣いたら、何事もなかったかのように普段の生活に戻れるというものではないでしょう。

ひとしきり悲しみを味わい、もしかしたら翌日、さらに1週間後、悲しみが襲ってくるかもしれません。悲しみは、波のようにさまざまな強さで来たと思ったら消えていくでしょう。その波に抵抗しないときには、涙を流して悲しんだり、少し眠ったり、熱いお風呂に入ったり、仕事を休んだりもするかもしれません。

やがて、そこまで努力しなくても悲しみは消えていき、気分も良くなるでしょう。

抱いた感情を認めると、このようにたいていは自然と消えていきます。特に取るべき行動がないのなら（つまり必要なのはただ、その感情を受け入れるだけであれば）、**自分の身をただそこに置くだけでいいのです。**

泣きたいときに泣ける能力は、精神的・情緒的な強さの表れ

なぜ私たちはこうしたことをもっと自然にしないのかというと、何かが気に障るたびにデスクで泣き始めるわけには当然いかないからです。水のバルブを締めるのはいいことです。ただそれは、あとで家に帰って感情を表現できればの話です。

いつ、どこで感情を処理しても良いのです。むしろ、もっと安定した安全な場所で感情を処理できるよう学べれば、なお良いでしょう。

たとえばそれは、毎日数分かけて「ジャンク・ジャーナル」（手帳に好きなものを何でも貼り付けてつくる、日記帳やアルバム、あるいはスクラップブックのようなもの）をつくるのでもいいでしょう。自分の感情を、批判したり変えようと努力したりせずにただ味わえる場所で、ひとりで過ごします。

あるいは、泣きながら眠りに落ちる、といったシンプルなものでもいいかもしれません。**泣くことは弱さの証と思われがちですが、自由に泣ける能力は、精神的・情緒的な強さの表れです。**人生で何かが壊れたときに泣けない方が大問題です。

相手の感情を認められれば、自分の感情も認められる

他人の感情の妥当性を認めることも大切です。そのためには、共感を広げましょう。「そう感じるのも当然だよ」という言葉で会話を始めます。

そんな感情を抱いてはダメだと言うと、相手は恥を感じて心を閉ざしてしまいます。そんな感情を抱くべきではないというのは、本人がすでに分かっているのです。**会話の始めから相手に壁をつくらせたり、パニックに追い込んだりすると、状況が悪化してしまいます。**

ここで、同じ立場なら誰だって同じ感情を抱くはずだ、とか、圧倒されるほど強烈な感情を抱いても人生がすべてダメになるわけではない、とか、目の前にひどいことがあれば、ひどい気持ちになるのは当然だ、などを相手に思い出させるように会話を始めれば、その人の重荷を軽減できます。

ほかの人の感情が妥当だということを認める行為を通して、自分の感情の妥当性もどう認めればいいかが分かります。そして感情の妥当性の認め方を学ぶと、これまで

よりも強くなれます。

「原則」を決めなければ、お金を稼いでも、友達が100人いても意味がない

自分の居場所が分からなくなったときや、人生の方向性を見失ったとき、あるいはもっと悪いことに、築いてきたものすべてが音を立てて崩れ去るのではと不安になったとき、必要なことはシンプルです。

お金の問題に必要なのは、お金の原則です。
人間関係の問題に必要なのは、人間関係の原則です。
仕事の問題に必要なのは、仕事の原則です。
人生の問題に必要なのは、生きるための原則です。

しかし、お金をもっと手にしたところで、お金の問題は解決できません。つきあう人を変えたところで、人間関係の問題は解決できません。転職したところで、仕事の

問題は解決できません。

お金があればお金の管理がうまくなるわけではないし、人間関係のおかげで人づきあいがうまくなるわけでもありません。仕事そのもののおかげで、仕事がうまくこなせるようになるわけではありません。

変わるべきは、問題ではなくあなたです。ここで共通している点は、世の中や自分の行動に対するあなた自身の根本的な視点を、変えるか変えないかです。

逆に、年収50万ドルの人でも、年収5万ドルの人と同じくらいに深刻な負債を抱え、苦しんでいる可能性があります。そういうケースは、思った以上に多いものです。稼ぎが少ない人は、お金をうまく管理できるよう学ぶ必要がありますが、**稼ぎが多い人は稼ぎが多いがために、原則などいらないと思ってしまいます。**

原則がなければ、人生は改善しません。問題はどこまでも付いてきて、人生が進むに従い問題もどんどん大きくなっていくでしょう。

あなたがもし今、原則を持たないのであれば、きっと今後も持てないでしょう。

自分の財力以下で暮らすためのお金の原則を持っていないのに、もっと大きなお金を手にした途端に原則を持てるようにはなりません。

自己を保つために他人には依存しない、という人間関係の原則を持っていないのに、「相性ピッタリの人」と出会った途端に人間関係の問題が魔法のように解決するわけでもありません。その人間関係も自分でダメにしてしまうだけでしょう。

問題を解決する はっきりとしたルールを実行しよう

原則とは、意見や信念ではありません。原因と結果です。

そして原則は、個人的な行動指針とも言えます。

お金に関する原則は、たとえばこうです――諸経費を抑える、借金を返済して今後は借りないようにする、自分の財力を超えない暮らしをする、いざというときのために貯金する。

金融の専門家の多くは、金銭面で健全になりたいなら、まずは借金の返済を最優先にすべきだとアドバイスします。理由はもちろん、1日分の利子だとそこまでのインパクトはないかもしれませんが、20年後の利子は少なくとも膨れ上がっているはずだからです。同様に、投資で得た利息の1日分は大した額ではありませんが、20年後には、かなりの利益になっているでしょう。

なぜ原則があればいいのでしょうか。それは、目先の短期的な視点で生き延びるモードから、**長期的な視点でいきいきと活動するモードへ、原則のおかげでシフトするからです。**

人生のほとんどは、原則に支配されています。

経営コンサルタントのスティーブン・R・コヴィーは、これをうまく説明しています。原則とは、重力と同じ自然の法則で、価値とは異なります。価値は主観的、原則は客観的です。[*15]

コヴィーは、こう述べています。「私たちは自分の行動をコントロールするが、行動から生まれる結果は、原則によってコントロールされている」

つまり、「体に良い食事を毎日する」という原則に忠実に取り組めば、必然的にこれまでよりも体が健康になる恩恵を得られるでしょう。1日に1文を何年も書き続ければ、必然的に大作ができあがります。借金を毎月少しずつ返済していけば、必ず完済します。一貫性をもって賢く投資すれば、やがてリターンを得られるようになります。

私たちの暮らしは、原則に支配されています。心理学者で著作家のベンジャミン・ハーディは、次のように説明しています。

「ほとんどの人は大学時代、試験に向けて詰め込み勉強をする。でももし農家だったら、詰め込み作業などできるだろうか？　春に野菜を植えるのを忘れ、夏の間ずっと怠けて、秋にしっかり働く、などできるだろうか？　もちろんできない。農業とは、原則に支配された自然の秩序なのだから[16]」

それはあなたも同じです。

「収穫の法則は常に働いている。植えたものは、必ず収穫しなければならない。さらに、長い間一貫して植え続けたものはやがて、急激に多くの収穫をもたらすようになる。自分が取った行動の結果はすぐには表れないことが多く、なかなか気づけないかもしれない。たばこを1本吸っただけでは、恐らくがんになることはないだろう。たった1日、コーヒーに10ドル使っても、金銭的に大きな影響にはならないだろう。しかし長い時間かけると、こうした習慣は劇的な結果をもたらす。毎日の10ドルは、5％の複利だと50年後には81万6０００ドルに膨らんでいるのだ[★17]」

小さなことを長い間継続すれば、やがて大きなものになります。

原則を培うには

自然と、ずば抜けて優れた原則を持っている人などいません。原則とは、学んでいくものです。

とはいえ、人生にはさまざまな原則が多くあり、中には互いに矛盾するものもあるかもしれません。だからこそ、あなたの目標と人生に合った、自分ならではの原則を決める必要があります。

まずは次のことから始めましょう。

- あなたにとって価値があるものとは？　心の底から大事にしていることは？

- 人生でどんな感情を経験したい？
- どんなときに不安になる？

たとえば、金銭的に自由でいられることが大切なら、原則として、余ったお金は借金の返済に充てたり、貯蓄や投資に回したりするでしょう。

あるいは旅行に行くことや自由でいることが大切なら、原則として個人事業で働き、リモートワークができる仕事や好きな時間で働ける仕事を常に最優先するでしょう。

自分の原則が何かはっきりしたら、誠実かつ健全に人生をつくり上げていけます。経験したいこと、したくないことを叶えつつ、最高に穏やかで幸せな自分にしてくれる、そんな目標に向かって取り組み始めることができます。

良い人生とは、自己統制と正しい優先順位という土台の上に、徹底的に組み立てられていきます。

あなたは仕事を通じて、世の中の何の役に立っているか考える

原則をつくるために自分の心に従いなさい、直観を信じなさい、仕事をやめて本当に好きなことをしなさい、と言われると、どこから始めていいのか分からなくて、落ち込んでしまうこともあります。

人生をどう生きていいのか分からないと思うとき、その本当の意味は、自分が何者なのかまだ分からない、ということです。

人生の目的を見つけるといっても、修道院で生きる、あるいはひとつの職業や目標に人生を捧げる、といった運命に気づくことでは必ずしもありません。

人生の目的は、ひとつの仕事でもひとりの恋人でもなければ、ひとつの職種でさえもありません。**あなたの人生の目的は何よりもまず、ただここに存在することです。**

あなたの目には見えませんが、あなたが存在するおかげで、世界は少しだけ変化しました。

あなたがいなかったら、今とまったく同じ状態で存在できたものは何ひとつありません。これを理解しておくのは非常に大切です。

自分の人生の目的がたったひとつの仕事や家での役割だけだと考えてしまったら、仕事を辞めたり、定年退職したり、子どもが巣立ち親でなくなったりしたときに、一体どうなってしまうでしょうか？

それが自分にとって唯一の存在意義だと思ってしまうことほど恐ろしいことはありません。

意義深く生きるためにあなたができる何よりも大切なことは、自分を磨く努力をすることです。一番幸せで、親切で、慈悲深い自分になるよう意識するのです。

原則をつくり、自分の目的を知ったからといって、今後の人生が楽になったり、何をすべきか常に分かったりするわけではありません。**むしろ、本当に自分の道を歩み始めたなら、未来ははっきりとは見えません。**もし見えるなら、それはほかの誰かの青写真を追っているにすぎません。

自分の人生の目的は何だろうと思うとき、ほとんどの人は、一生の仕事や職業のことを考えています。あなたはキャリアに、1日のほとんど、人生のほとんどの時間を毎日費やすのですから、キャリアに意味がないわけはありません。**だからこそ、その仕事を通じて世の中に一番役立つにはどうすればいいかを見つけ出すことで、長い1日やつらいひとときに耐えられるようになります。**

あなたの人生の目的は、あなたのスキルと関心、そしてマーケットが交差する場所です。

自分を知るということは、言葉で言うほど簡単ではありません。

もしかしたら、自分は何が得意か、いまだによく分からないかもしれないし、自分は何に情熱を傾けられるだろうかと思っているかもしれません。それでもいいのです。人生の目的が大切だからといって、何かの名人にならなければいけないわけではありません。

ほかの誰よりもうまくこなせることや、唯一あなただけができることが、あなたの人生の目的というわけではありません。

人生の目的は、あなたが自然と引き付けられるもの、努力しなくても自分から流れ出てくるもの、特定の感情が呼び起こされるものです。**あなたが生きているのは、これに取り組むためであり、これを変化させるためです。**究極の目的は、理想的なバージョンの自分になることです。すべてはそこから始まります。

人生でやりたいことを見極める

人生の目的が本当は何かを知ることは、とても有意義です。思いつくのが難しいなら、このように問いかけてみましょう。

▼何のため、誰のためなら自分を犠牲にできると思えますか?

大好きな仕事をしていても、毎日気楽にすごせるようになるわけではありません。あらゆるものには困難がつきものです。そのため、自分にすべきはこんな問いかけです。「何のためなら喜んで働く? 何のためなら不快感にも耐えられる?」

▼目を閉じて、自分を想像してみましょう。どんな人物ですか?

可能な限り最高のあなた――愛情深く、親切で、生産的で、自分をきちんと分かっている自分――こそが、本当のあなたの姿です。ほかはすべて、あなたがこれまで自分でつくったり、ほかの人から学んで身に付けたりした、対処メカニズムから生まれた副産物にすぎません。

▼もしSNSが存在しなかったら、何をしていましたか？

人生の目標を、ＳＮＳに投稿して自慢したり、好印象をつけようとしたり、シェアしたりもできないと分かっていたら、夢への熱意は今とどう違っていたでしょうか？この質問によって、本当にやりたいからやっているのか、ほかの人からどう見られるかが動機になっているかが分かります。

▼自然にできることは何ですか？

あなたが最初にたどるべき道は、あなたが自然に一番うまくこなせることです。そこが一番、あなたが無理せずに輝ける場だからです。

▼あなたにとって理想的な毎日の習慣は何ですか?

エレベーター・スピーチ〔会社の社長などとエレベーターで乗り合わせたときに、手短で簡潔に自分をアピールする手法〕なんて忘れましょう。かっこいい肩書きを持ったり、リンクトインに魅力的な経歴を載せたりすることも忘れましょう。

それより、明けても暮れてもやりたいと思うことは何かを考えてみます。満足できると思ってある仕事に就いたものの、何となくのイメージが好きなだけで、仕事に伴う日々の現実は好きではなかったと気づく人は多いものです。

▼あなたが後世に残したいものは何ですか?

履歴書にどんな長所が書けるか悩む代わりに、**自分の追悼式でどんな長所を並べてもらいたいかに意識を向けてみましょう。**どんな人物として人々の記憶に残りたいですか? どういう存在として知られたいですか?

人生の目的は、追い込まれたときに見つかることが多い

人生の目的を見つけようとして、自分の長所や才能をあれこれ考えるのは良いことです。

でも、もっと大切なのは、人生の目的は「痛みを通じて見つかることが多い」という点です。人生のある時点で途方に暮れ、枯渇し、疲弊し、土壇場に追い込まれて人生の目的に気づいた、という人がほとんどです。

まったく努力せずに自分の才能とそれをどう活かせるかが分かったわけではありません。

苦労や困難を経験すると、自分にとって本当に大切なのは何かに気づくようになります。火花が起き、それが行動やひたむきな取り組みによって燃え立つとき、変革を起こす火となるのです。

世界で大きな成功を収めた人たちの話を聞くと、想像を絶する苦境からスタートし

たケースがよくあります。

あり得ないような状況に直面したとき、行動を取らざるを得なくなるのです。居心地の良さや自己満足は選択肢にありません。自分自身が人生のヒーロー、未来のつくり手にならなければいけない、と気づくのです。

人生の終わりに際して、あなたが生きた目的を定義するのは、どれだけ苦しんだか、どんな状況にいたか、何をすべきだったかではありません。

逆境にどう立ち向かったか、人生を共にした人たちにとってどんな人物でいたか、そして人類の方向性をゆっくりと変えていくために、あなたらしいやり方で毎日何をしたかで定義されるのです。

第7章

抑圧は無意識、コントロールは意識的

感情をコントロールすることと抑圧することの違い

この章の目的は、自己破壊的行為から自己統制（セルフマスタリー）への移行です。こう聞くと、大変革に感じるかもしれません。

ここまで、私たちは自己破壊的行為――つまり前に進もうとしている人生を押しとどめている責任は、自分にあると学びました。ここまでくれば、反対に、前に進める能力も自分にある、と思うことは自然なことです。

仏教徒にとって、心のコントロールは悟りへと通じる道です。[★18] 仏教徒が言う悟りとはつまり、自然であり真に幸せである状態です。

この考え方は理論的にはシンプルですが、実践するのは大変です。

本当の意味で心を自由に使いこなせるようになるために、仏教徒は「執着しない」ことを実践します。そこでは静かに座り、落ち着いて呼吸し、考えが浮かんできてはまとまり消えていくのに任せます。

仏教徒が心をコントロールする方法は実のところ、心にすべてをゆだねることです。心を好きなようにふるまわせつつ、それに対する反応をコントロールするのです。

感情を抑圧するのではなく、コントロールしよう

これまで、感情の抑圧はよくないと学んできました。

感情の抑圧とは、ある状況や経験に対する自分の反応を否定あるいは無視し、気にしなければそのうち消えるだろうと考えることです。とはいえ、ずっとそのせいで日々の生活がうまくいかないことに気づきます。そしてある日、これ以上耐えられないという限界点に達し、感情が爆発して手が付けられなくなってしまいます。

もしかしたら、この抑圧とコントロールは紙一重に思えるかもしれません。

車を運転中に誰かに割り込まれ、それでも窓を開けて怒鳴らないことを選択したとしたら、あなたは感情を抑圧しているのでしょうか、それともコントロールしているのでしょうか？

パートナーがまたバカなことを言ってきたけれど相手にはしないぞと思うとき、あなたは感情を抑圧しているのでしょうか、それともコントロールしているのでしょうか？

仕事で関わっているプロジェクトで、同僚に常にイライラさせられるけれど何も言わないことにしたとき、あなたは感情を抑圧しているのでしょうか、それともコントロールしているのでしょうか？

抑圧は無意識、コントロールは意識的

抑圧された感情は、無意識のバイアスと似たような働きをします。バイアスのひとつに、確証バイアスがあります。確証バイアスとは、自分が信じている物事を裏づける事実や経験ばかりに意識が向いてしまうものです。あなたは自覚していなくても、このバイアスから影響を受けています。

一方で、感情をコントロールするときは、自分が何を感じているかをもっと意識しています。腹を立てている、悲しんでいる、苦しんでいることを自覚しつつ、それに

ついて**どう対応するか意図的に選んでいます。**あなたがコントロールしているのは、感情というより言動なのです。

感情を抑えつけているとき、自分が何を感じているか分からず、言動は制御不能になります。

感情をコントロールしているとき、何を感じているか自覚しており、言動も自分でコントロールできています。

運転中やパートナーと口論中、あるいは気難しい同僚を相手にしているとき、自分の感情を自覚しつつ、それでもどう反応するかはコントロールするべきです。感情は一時的なものですが、言動は永続的です。あなたは常に、自分の行動の責任を負っています。

肉体的な強さとは、どれだけの重さに耐えられるか、どれだけの距離を走れるか、どれだけ筋肉隆々か、などで測られると思われがちです。しかし肉体的な強さは、体がどれだけ効率良く自分を動かせるかや、日常のタスクやたまに起きる問題にどれだけ効果的に対処できるかで測られます。

心の健康もまったく同じです。メンタルの強さは、いかに幸せそうかでもなければ、物事がいかに完璧か、いかに無条件に「ポジティブ」になれるか、でもありません。日常の生活やときおり起きる問題を、自分が生きやすいように、しかしいかに自分を抑圧せずにスムーズにこなせるか、なのです。

サイコセラピストのエイミー・モーリンが、メンタルが強い人がしない習慣をいくつか明らかにして話題になりました。メンタルが強い人の習慣や言動を知ることは非常に大切ですが、もしまだあなた自身はメンタルが強いところにまで到達していなかったら？　メンタルを強くするために、まずは次のことに取り組んでみましょう。

「今も昔もずっと心配などいらない」状態になるには努力が必要

内なる平和とは、今後ずっと心配などいらないと分かっている、深い知識とつながっている状態です。

自分の「内なる平和」を見つけるというコンセプトは、ポピュラー心理学の発達とともに最近、より一般的になりました。

フランスの小説家アルベール・カミュはかつて、こう言いました。「冬のさなか、私は自分の中に不屈の夏を見つけた」

この言葉は、内なる平和とは一体何であるかのすべてを物語っています。まわりで何が起きていようと、自分の中には、あらゆることを理解している平穏な場所が存在すると知っているということです。**必要ならいつでもそこに戻れるのみならず、人生をずっとそこで過ごすこともできます。**難しいのは、そもそもどうやってそこにつながるのかです。ここまで見てきた通り、心は、常に最悪の事態を想定してしまいがちだからです。

内なる平和に到達するには、多くの時間が必要です。あなたはこの場所で、最終的にはすべてがうまくいくと分かっているし、感じてもいます。

瞑想のメタファーでもうひとつ、「平穏でいること」を「湖などの広い水面を鎮まらせること」になぞらえたものがあります。

思考や行動は、水に投げ入れた石のようなものです。石は波紋を起こします。瞑想の目的は、水が再び自然な静けさへと戻るよう、自らを鎮めることです。

水を無理やり鎮める必要などありません。あなたが邪魔するのをやめれば、水は自然と鎮まります。

内なる平和にも、同じことが言えます。内なる平和とはつくらなければいけない何かではなく、戻らなければならない状態なのです。

「幸せになりたい」は他人任せ

内なる平和にとってもっともよくないのは、「幸せ」になりたいという思いです。残念なことに、幸せは不安定です。

幸せを求めるあまり、特定の実績、物、状況に執着するようになってしまうこともあります。

ほかの人の意見に依存したり、決まった形で人生が展開してほしいと願ったりする可能性もあります。

幸せを目標にしていると、そのすぐ後ろには、不幸せの感覚が常につきまとっているのに気づくでしょう。

では、内なる平和はどうでしょうか？

内なる平和とは、バランスが保たれている状態です。内なる平和が目標であれば、必ず実現できます。

しかしそれは多くの人にとって難しく、ストレス、問題、修羅場を生み出し続けてしまいます。本人は内なる平和を求めていても、**良い気分になるには自分の外にある何かが必要だという考えに固執しているからです。**

これは、内なる平和をまだ見つけていない人の典型です。彼らは、満足感、帰属感、自己肯定感を、たいていは必死になって自分の外で探しています。

もちろん、幸せを感じることは許されないという意味ではありません。しかし、本物の幸せは内なる平和であり、それ以外は単に、自分は「大丈夫だ」と言い聞かせるための誤った手段にすぎないのです。

考えてみてください。あなたが普段思っている、幸せをもたらすものとは何ですか？

お金？　恋人？　昇進？

それを手に入れたらどうなりますか？

答えは、全人類一貫して同じです。元いた基準に戻るだけです。そこで満足してストップすることはありえません。また次の幸せに向かって競争を繰り返すでしょう。なぜなら、このタイプの幸せは本物ではないからです。

心が完全に穏やかでいられるようになって初めて、本当の意味で、世界の不思議に感嘆し、臨場感を味わい、喜びを抱けるようになるのです。

人は、何も教えられていなければ、頭の中にある声をすぐ信じてしまう

人は環境に適応しながら、成長していきます。大きくなるときに、自分のまわりにいる人たちの信念や考えを取り入れていくのです。そして、安全でいるために、自分の人となりを変えます。

人は子どものとき、人生で一番弱くて傷つきやすい状態にあります。生涯の間違った対処法を身につけるのも、この時期です。

人は、何も教えられていなければ、頭の中の声を本能的に信用します。この頭の中

の声は、仏教徒が「モンキーマインド」と呼ぶものです。何の根拠もない、「サイキック思考」のことです。

これを神経学的に説明するなら、さまざまなレセプターが信号を出していろいろな物事とつながりをつくるプロセスですが、**その物事とは、現実と関係があるかもしれないし、まったくないかもしれません。**

モンキーマインドから来た思考だと気づいていないほとんどの人は、おかしな考えや恐ろしい考えを抱き、それに伴って強い感情が湧き上がってきます。自然に湧き上がってくる考えと感情というこのふたつの組み合わせのせいで、状況がリアルに感じられますが、モンキーマインドは実は神経学的なプロセスによる誤解なのです。

そうは言っても、もちろん思考はむだというわけではありません。ただ、常に現実を反映しているわけではないため、単なる提案程度に受け取るのみにしておくべきでしょう。

不安は、心配しているほど破壊的な結果をもたらさない

内なる平和を見つけることとは、ただ座禅を組んで智慧が身につくまで座って待つものではありません。自分の中にある不快感を持ち続ける、これまでとは異なる選択をする、といった気の進まない決断を下すことです。

心理学者のゲイル・ブレナーは、次のように説明しています。

「内なる戦争は、抵抗することで長引きます。つまり、もうすでにある感情を感じているのにそれを感じたくない、もうすでに誰かが今やっているのに、それをやってほしくない、今すでに起きている出来事なのに、それが起きてほしくない、という抵抗です」

この世に存在する平和はただひとつ、内なる平和のみだとブレナーは主張します。私たちがコントロールできるものは、内なる平和以外にないからです。[19]

もうひとつ、内なる平和を見つけるすばらしい方法があります。

不安とは、「生き残るために、脅威となり得るものを見つけ出さなければならない」と考える心がつくり上げたものであること、そして本物の幸せとは、今という瞬間に存在することを、常に自分に思い出させてあげることです。信じられないなら、次のことを書き出してみましょう。

- 人生でこれまで強烈に不安になったことすべてを、可能な限り時間をさかのぼって、できるだけ詳細に書き出しましょう。
- もう二度と経験したくない、あるいはもう二度と立ち直れない、と思うほどつらかった状況すべてを書き出しましょう。
- 心から幸せで平穏な気持ちになった経験すべてを書き出しましょう。

最初の質問の答えを見て、笑顔になるはずです。当時のあなたはいつも心配していたけれど、ほとんど根拠のないものだった、と思い出したのではないでしょうか。ふたつ目の質問の答えにもまた、ホッとさせられるはずです。絶対に乗り越えられないと思ったほどの痛みだったのに、振り返ってみると、もうすっかりそんなこと忘れていたからです。

そして最後、3つ目の質問への答えは、幸せとは表面的に完璧だからもたらされるのではなく、心を開き、自分自身とつながり、その瞬間とつながっているところからやってくるのだ、と思い出させてくれるでしょう。

心配は、「本当の問題」から気を逸らすため

今という瞬間から逃れるため、人間は行動にいとも簡単に依存してしまいます。それと同じように、**本当の問題から気を逸らす対処メカニズムの中で、「心配する」が一番よく使われます。**

心配は安全と同じだと思い込むようになります。最悪の事態を想定して頭の中で何度も描くことで、そこに備えられると考えるのです。これはまったくの間違いです。想像すること自体にエネルギーを使い果たすのみならず、想像した恐怖や考えに過敏になり、それを避けようとしたり過剰反応しすぎたりして、逆にそういった状況をつくり出してしまいます。

いちばん難しいのは、どの感情が有益で、どの感情が恐れとエゴからやってきたも

のかを見極められるようになることです。

何度も言うように、直感がすべてを知っているとか、感情は本物だとか、自分の奥深くには知識の泉があり道先案内をしてくれる……などは幻想です。

あなたの感情は、未来を予言するものではありません。感情は占いではないのです。多くの人が内なる平和をなかなか見つけられない理由は、それが恐怖なのか、平穏な感情なのか、違いが見極められないからです。

覚えておいてください。平穏な感情は、真実を教えてくれます。

恐怖は、あなたが身を縮めて安全に過ごすように、あなたを怖がらせようとします。

恐怖は一時的な限りあるものです。

メンタルの強い人は、人生に向き合った経験が多い人

あなたが何者で人生の目的が何であれ、メンタルが強いことは、潜在能力をあますところなく確実に発揮するために重要な要素です。

メンタルの強さとは、生まれつきのものではありません。**人生で困難に向き合った**

経験がそんなになければ、簡単には身につきません。むしろ、最強レベルにメンタルを鍛えざるを得ないのは多くの場合、もっとも困難な状況にいる人です。

つまり、メンタルを強く持つことは、実践でもあります。

次のようなところから少しずつ取り組んでみましょう。

まず、計画を立てましょう。メンタルが強い人は、計画を立てるのが得意です。

なぜなら、先を読み、準備することが大切だからです。長期的に見て最善と思えることをします。また、もし何かが起きても、どうすればいいかの計画があれば、不安は生まれず、怖がらずに今に集中していられます。

自分が不安なことに対する計画を立てましょう。

金銭的に健全になる、人間関係を改善させる、セラピーを受ける、新しい仕事を見つける、新しいキャリアや夢を追いかけるなど、すべてのジャンルにわたってです。

計画を立てていなければ、常に何かしらの問題が出てくるはずです。

人の手を借りる

私たちは、専門分野に特化した社会に生きています。

ひとつの技術を磨くために、人は学校へ行ったり、弟子に入ったり、トレーニングを受けたりします。その後、これを市場で売り、引き換えにほかの人の専門技術を購入します。

だから、あらゆることを知っている必要はありません。

あなたは、金融のエキスパートではありません。

だからこそ、税金を計算してくれる人や投資のアドバイスをしてくれる人にお金を払ってやってもらうのです。

料理の達人でもありません。

だからこそ、料理本を買ったり、お母さんに手伝ってもらったりするのです。

世界レベルのトレーナーでもありません。

だからこそ、トレーナーを予約してエクササイズを指導してもらうのです。

メンタルヘルスや神経心理学の複雑さを理解することが求められているわけでもありません。

だからこそ、カウンセラーに会って、どうすればもっと心が軽くなるのかを教えてもらうのです。

あなたは、すべてを知っているわけではありません。すべてをうまくこなせるわけでもありません。

だからこそ、教えてくれたり、お金を払えばやってくれたりする人がいるのです。無理せずに、自分が得意なものに集中しましょう。ほかはすべてアウトソースすればいいのです。

「あれか、これか」と二択しかない人は危険

人が不安をいつまでも抱き続ける主な原因は、誤った二分法です。つまり「あれか／これか」の思考法を長い間してきたためです。

この考え方は、あらゆる可能性を無視して、可能性が高いわけでも妥当でもないひとつ、ふたつの極端な結論を選んでしまいます。

「失業したら、私はどうしようもない人間だ」
「あんな怖いことが起きたら、もう続けられない」
「この人と別れてしまったら、もう二度と恋愛できない」

これらは、すべて間違いです。でも、実際に自分がそう思っているときには気づきにくいのです。

不安は、推論をきちんとできていないときに生まれる、理論の欠落によって引き起こされます。ひとつの出来事からあり得ない結論に飛躍してしまうのです。何かを強烈に感じるため、それが本当だと決めつけてしまいます。そして、激しく動揺してしまうために人生にうまく対処できなくなってしまいます。

人は一気には変わらない

成長は通常、一気には起きません。少しずつ起きていくものです。目に見えないちょっとした爆発や小さな一歩として表れるのです。

なぜなら、成長しているとき私たちは、自分の快適ゾーンを広げて再構築しているからです。新しい生き方に合わせて自分を変えているため、あまりにも急激に変化して衝撃を与えてしまうと、自分が慣れたところに逆戻りしてしまうことがよくあります。

人生をいちばん効果的かつ健全に変える方法は、ゆっくりと行うことです。満足感が欲しいのであれば、毎日できる小さな一歩をゴールにしましょう。やがて勢いがつき、スタート地点からかなり遠くまで進んだ自分に気づくはずです。

不快感は、傷に目を向けるためのシグナル

自分の不快感を尊重しましょう。そこにはメッセージが隠されています。

人生があなたに与えてくれる最大の贈り物は、不快感です。

不快感は、あなたを罰しようとしているわけではありません！　もっと努力できるのはどこか、もっとあなたにふさわしいのはどこか、変えられるのはどこか、あるいは今よりももっと上を目指せるのはどこかを、示そうとしています。不快感は単に、今よりもっと大きな何かが待っていると教えてくれ、追いかけるよう背中を押してくれているのです。

人生とは、より満ち足りた生き方をするために、あなたの人となりと究極のゴールを反映させたフィードバック・メカニズムです。こう思えば、自分の邪魔をしていたのは世間ではなく自分の心だった、とあるとき突然気づくはずです。

「今」に足を踏み入れる

こんな言葉があります――「もし不安なら、それは未来に生きているから。落ち込んでいるなら、過去に生きているから」。

幸せを見つけられる唯一の場所は、今現在です。存在するただひとつの場だからです。

将来に起こるかもしれないことに意識を向けるのは、今という瞬間から自分を切り離す行為です。人生を1日ずつ過ごすことに集中しましょう。そして、今目の前にある物事に取り組むことで、今日という日に足を踏み入れましょう。

今という瞬間に生きることと、未来の自分のために何かすることのバランスをうまく取る必要があります。

支配しようとするのをやめる

デンマークには、快適さと心身の健康を追求する「ヒュッゲ」という考え方があります。**これは、デンマークでの幸福度が驚くほど高い要因とされています。**

シンクタンク「幸福研究所」のマイク・ヴァイキングはヒュッゲに関する著書の中で、「他者とつながる」とは単にその人たちと一緒に過ごすことではない、と説明しています。

「他者とつながる」とは、誰かを支配しようとか、感心させようとか、感情的に何らかの反応を起こそうなどとしないことです。[*20]

自分の価値を証明しようとしない方が、たくさんの幸せを見つけられます。

人間関係を支配したいとか、支配の必要性を感じる人は、仮定の話をもとに議論をしがちだったり、大切な休暇やイベントで修羅場をつくり出したりし、いちばん大切にすべき人たちに対して、最悪の行動を取ってしまいます。

今よりももっと大きな幸せを見つけるには、まわりにいる人たちと自分を同等の存在として見る必要があります。**自分はすべての知り合いから常に学ぶ立場にあると考えれば、その人たちよりも「下」なのではないかという恐怖をどうにかして埋め合わせしようとしなくてもすむようになります。**

条件があるものは、本当の幸せではない

人生を「楽しもう」と考えると、何かとてつもなく大きなことをものすごいレベルで達成しようとすることだと思いがちです。そして「幸せ」とは、バカンスを楽しんでいるときとか、多額のボーナスが出たときだけに感じるものだと考えます。

ところがこれは、幸せの対極にあります。

なぜなら、条件に基づいているからです。

本物の幸せとは、人生のちょっとした喜びを抱き締めること。

心地いい夏の朝陽。

カップ1杯のコーヒー。

感動させてくれる本。

大きな何かが起きたときだけでなく、毎日の中で見つけるちょっとした充足感をありがたいと思えることです。

幸せについて過剰に考えすぎてはいけません。本物の喜びを味わうには、人生は完全にうまくいっていなければダメだと思い込んでないでしょうか。

本物の喜びとは、今あなたがいるその場所で、今のままのあなたで幸せを見つけることです。

人生の質は、人間関係の質によって決まる

内向的か外交的かによらず、あなたの人生の質は、人間関係の質によって決まります。膨大な量の研究がこれを裏づけています。

たとえば、人は一緒に過ごす人に似てきます。また、幸せは人間関係の数ではなく、質と直接的な相関関係にあります。さらに孤独は、喫煙と同等の健康リスクがありま

す。★21

とはいえこれを、友達はつくれるときにつくっておくべきだとか、たとえ嫌いでも肉親の近くにいるべきだ、などと解釈してはいけません。それでは、まったくピントがずれています。

幸せとは、つきあいたくもない人と無理やりつきあったところで、手に入るものではないのです。**あなたが本当に好きで、人生を豊かにしてくれる人との関係を構築し、育てていけば手に入るものです。**

つながりを感じられる誰かと出会ったら、その人とまた会えるよう、そして健全な友情が保てるよう努力しましょう。

できるだけたくさん新しいことを学ぼう

自分はすべて知っているという姿勢でいると、今よりも新しくて良い経験ができる可能性の芽を自分で摘み取ってしまいます。

初めて何かにトライしたとき、どうなるか分かっていると決めてかかったり、行ったことがない場所をどんなところか知っていると決めつけたりしてはいけません。驚きの余地を自分に残してあげましょう。

人生から常に何かを学べる、と考えることが大切です。痛みは、自分にとって不快なこと、続けるべきでないことを教えてくれます。喜びは、自分に合っているのは何かを教えてくれます。ありとあらゆるものが教師となります。人生経験があなたを変化させるのに任せれば任せるほど、あなた自身も（そして人生経験も）豊かになるでしょう。

成長がとまるときこそ不快感が生まれる

幸せな人とは、常に喜びで満ち溢れている人ではありません。この違いをはっきりさせておくことが重要です。

本当の意味で幸せな人は、自分の身に何が起きても大喜びで受け入れるのではなく、心穏やかな人のことです。

その理由は、幸せな人は本質的に、人の助言を受け入れて自分を変えることができるからです。自分のやり方に固執することはありません。

彼らは、人生には成長が必要であり、成長がとまるときにこそ不快感が生まれるということを理解しています。

人生の本質とは、絶え間ない動きと絶え間ない進化です。

そこに後れをとってしまうと、自分の居場所がどんどん居心地悪くなり、生き方を狭めざるを得なくなるでしょう。すべての痛みを避けることはできません。

何にエネルギーを注ぐかに気をつけよう

当然ながら、人は、嫌いな仕事や人に時間のほとんどを費やしていたら、よい気分になれないことを理解しています。

ところが、もっと気にかけるべきものがほかにあります。

嫌いな仕事やダメになってしまった人間関係は「問題」ではなく、「症状」です。

心を向けるべきは、その症状の根っこの部分です。なぜその仕事が嫌いなのか、なぜ人間関係がうまくいかないのか、そもそも自分の感情ときちんと向き合ってみましょう。

ある考えにエネルギーを向けると、その考えに命が吹き込まれます。

「戦いに勝つ狼は、あなたが餌を与えた狼だ」という格言があります。

これを人生の質に当てはめてみましょう。これは、自分がどんな考えを抱くかに最大の注意を払わなければいけないということです。考えはやがて感情となり、そして信念となり、さらには行動となり、最後に生き方となるからです。

何もしない時間をつくる

幸せの追求は、能動的にするべきです。充足感を毎日感じることは間違いなく意識的に行うべき選択で、偶然起きるわけではありません。しかし同時に、幸せになるには受け身でもいるべきです。なぜなら、皮肉なことに良い気分とは無理やり感じるものではなく、受け入れるものだからです。

幸せとは、溢れるほど予定をいっぱい詰め込むことを、きっぱり拒否することです。幸せとはまた、毎日のありふれた瞬間を味わうために時間を取ることでもあります。

ゆったりと座って本を読む。

大好きな人と夕食を取りながらおしゃべりする。

あるいはただ、毎日のちょっとしたことを楽しむ。

こうした時間は、自然と生まれるわけではありません。前もって計画しておく必要があります。

遊ぶ時間を取ろう

私たちは子どもの頃、想像力を働かせて日がな一日遊んでいました。人生が私たちのカンバスだったのです。

大人になっても同じです。

ただしここ数十年のうちに、あなたの中にあった魔法は社会で生きていく中でボロボロになってしまいました。もし本気で人生を楽しみたいなら、子どもの頃に大好きだったことを改めて味わうために、時間をつくりましょう。

絵を描く、砂遊びをする、大好きなゲームをする、そしてただクリエイティブにつくることを楽しみましょう。

そんなの子どもじみていると感じるなら、それでいいのです。

人生を楽しむとは、可能な限りもっともシンプルでありつつ、一番変化をもたらす生き方をすることです。そこには、ただ本音をさらけ出して、自分らしくいることも含まれます。

「自分の達人」になる

人生の最期にたどり着いたとき、あなたはきっと、人生の問題——山を「贈り物」と見ることができるようになるでしょう。

人が人生を振り返るとき、つらかったことは思い出さないものです。

つらかったことは、人生の転換点、成長の機会、すべてが変わる直前の目覚めの日々だった、と受けとめるでしょう。

自分の達人《セルフマスタリー》になるとは、何よりもまず、自分の人生に完全な責任を負うことです。

これには、あなたにはコントロールできない物事も含まれます。

真の達人は、人生の結果を決めるのは、何が起きたかではなくどう反応したかであると理解しています。

誰もがそこに到達できるわけではありません。

ほとんどの人は、人生で起きる波はたいてい自分がつくっており、波の乗り方を学ぶのも自分の責任だ、とようやく気づく程度のところで生きています。

ほとんどの人は、自分の思考や感情のもやの中で迷子になり、かき分けて前進する術を持たず日々を過ごしているのです。

達人の域に達するとは、目の前にそびえ立つ山を乗り越えることこそが、人生の究極の使命だと気づくことです。私たちは山を乗り越えられるだけでなく、乗り越える運命にあるのです。

達人の域に達するとは、何年も耐え続けた不快感は、我慢して切り抜けるような苦行ではない、と理解することです。

不快感は奥深くに存在する内なる自分であり、あなたはもっとできる、もっと価値がある、理想の自分に変身できる、と語りかけているのです。

達人の域には、自らの足で到達しなければいけません。自らの手でつくり出さなければいけません。自分を癒すプロセスは、見えない波及効果を集合体全体にもたらします。

世界を変えたければ、自分を変える必要があります。

人生を変えたければ、自分を変える必要があります。

目の前にそびえ立つもっとも偉大な山に登りたければ、登山道に到達する方法を変える必要があるのです。

その頂が何であれ、すべての頂上に到着したとき、今来た道を振り返り、一歩一歩すべてに価値があったことを理解するでしょう。

何よりも、山登りの旅を始めるきっかけをつくった痛みに対して、溢れんばかりの感謝を感じるはずです。なぜなら、その出来事はあなたを傷つけようとしたのではなく、何かがおかしいと示そうとしていたからです。

その何かとは、あなたがポテンシャルを発揮せずに終わったり、ふさわしくない人と共に生きたり、間違ったことをしたり、なぜいつもしっくり感じられないのだろうと思ったりするリスクです。

あなたの人生はまだ始まったばかりです。

目の前にあった山はある日、あなたのずっと後ろになっているでしょう。遠すぎてほとんど見えないくらいです。

しかし登り方を学ぶ過程でできあがったあなたという人物は、永遠にあなたの中に存在し続けます。

それが、山が存在する意義なのです。

参考文献

1 Halifax, Joan. *Standing at the Edge: Finding Freedom Where Fear & Courage Meet.* New York: Flatiron Books, 2018.（邦訳：ジョアン・ハリファックス著『Compassion：状況にのみこまれずに、本当に必要な変容を導く、「共にいる」力』マインドフルリーダーシップインスティテュート監訳、海野桂・トランネット訳、英治出版2020年）

2 Hawking, Stephen. *A Brief History of Time.* New Yoɪk: Penguin Random House, 1988.（邦訳：スティーヴン・W・ホーキング著『ホーキング、宇宙を語る：ビッグバンからブラックホールまで』林一訳、早川書房、1995年）

3 Lachman, Gary. *Jung the Mystic: The Esoteric Dimensions of Carl Jung's Life and Teachings.* New York: Penguin Random House, 2010.

4 Hendricks, Gay. *The Big Leap: Conquer Your Hidden Fear and Take Life to the Next Level.* New York: HarperOne, 2009.

5 Swan, Teal. "Find Your Subconscious Core Commitment," tealswan.com.

6 Lieberman, Daniel Z.; Long, Michael E. *The Molecule of More: How a Single Chemical in Your Brain Drives Love, Sex, and Creativity--And Will Determine the Fate of the Human Race.* Dallas: BenBella Books, 2018.（邦訳：ダニエル・Z・リーバーマン、マイケル・E・ロング著『もっと！：愛と創造、支配と進歩をもたらすドーパミンの最新脳科学』梅田智世訳、インターシフト、合同出版（発売）、2020年）

7 Tracy, Brian. "The Role Your Subconscious Mind Plays In Your Everyday Life," briantracy.com, 2019.

8 Holiday, Ryan. "Sorry, An Epiphany Isn't What's Going To Change Your Life." ryanholiday.net, 2016.

9 Sims, Stacy T., Ph.D. "The 3 Body Types: Explained." Runner's World, 2016. https://www.runnersworld.com/health-injuries/a20818211/the-3-body-types explained

10 Taylor, Christa. "Creativity and Mood Disorder: A Systematic Review and Meta-Analysis." *Perspectives on Psychological Science,* 2017.

11 Bremner, J. Douglas, MD. Traumatic Stress: Effects On The Brain. *US National Library of Medicine National Institutes of Health,* 2006.

12 Burton, Neel, MD. "Our Hierarchy of Needs." Psychology Today, 2012. https://www.psychologytoday.com/us/blog/hide-and-seek/201205/our-hierarchy-needs

13 Jacobson, Sheri. “Inner Child Work: What Is It, And How Can You Benefit?” Harley Therapy, 2017. https://www.harleytherapy.co.uk/counselling/inner-child-work-can-benefit.htm

14 Henriques, Martha. “Can the legacy of trauma be passed down the generations?” BBC, 2019. https://www.bbc.com/future/article/20190326-what-is-epigenetics

15 Covey, Stephen. *The 7 Habits of Highly Effective People*. Mango Media, Inc. 1989.
（邦訳：スティーブン・R・コヴィー著『7つの習慣』ジェームス・J・スキナー・川西茂訳、キングベアー出版1996年）

16, 17 Hardy, Benjamin, Ph.D. “You Don’t Control The Outcomes Of Your Life, Principles Do.” LinkedIn, 2017. https://www.linkedin.com/pulse/you-dont-control-outcomes-your-life-principles-do-benjamin-hardy-3

18 Lopez, Donald S. “Eightfold Path: Buddhism.” Britannica, undated.
https:// www.britannica.com/topic/Eightfold-Path

19 Brenner, Gail, Ph.D. “The Warrior’s Way to Inner Peace: What Is Inner Peace?” gailbrenner.com. https://gailbrenner.com/2009/11/the-warriors-way-1-inner-peace/

20 Wiking, Meik. *The Little Book of Hygge: Danish Secrets to Happy Living*.
New York: HarperCollins, 2016.
（邦訳：マイク・ヴァイキング著『ヒュッゲ：365日「シンプルな幸せ」のつくり方』アーヴィン香苗訳、三笠書房2017年）

21 Pomeroy, Claire. “Loneliness Is Harmful to Our Nation’s Health.” Scientific American, 2019.
https://blogs.scientificamerican.com/observations/loneliness-is-harmful-to-our-nations-health/

著者プロフィール

Brianna Wiest（ブリアンナ・ウィースト）

アメリカ出身・在住の著述家・詩人。
著書にショートエッセイ集『101 Essays That Will Change The Way You Think』（未邦訳）などがある。Mediumの著者としても人気を博す。また、恋愛、カルチャーなどの記事を掲載するウェブメディア「Thought Catalog」のパートナーとして、記事を寄稿するほか編集方針の決定やライターの獲得にも携わる。カリフォルニア州ビッグサー在住。

訳者プロフィール

松丸 さとみ（まつまる さとみ）

翻訳者・ライター。学生や日系企業駐在員としてイギリスで6年強を過ごす。訳書に『脳の外で考える 最新科学でわかった思考力を研ぎ澄ます技法』（ダイヤモンド社）、『LISTEN 知性豊かで創造力がある人になれる』（日経BP）、『限界を乗り超える最強の心身』（CCCメディアハウス）などがある。

感情戦略

2023年1月10日　第1版第1刷発行
2023年3月10日　第1版第3刷発行

著者　ブリアンナ・ウィースト
訳者　松丸 さとみ
発行者　村上 広樹
発行　株式会社日経BP
発売　株式会社日経BPマーケティング
〒105-8308　東京都港区虎ノ門4-3-12
https://bookplus.nikkei.com

ブックデザイン　矢部 あずさ（bitter design）
校正　加藤 義廣（小柳商店）
編集　中野 亜海
本文DTP　フォレスト
印刷・製本　中央精版印刷

本書籍に関するお問い合わせ、ご連絡は下記にて承ります。
https://nkbp.jp/booksQA

ISBN 978-4-296-00105-7 2023 Printed in Japan